NOS RÉFORMATEURS

PARIS

A. NORMAND, LIBRAIRE-ÉDITEUR

RUE DES SAINTS-PÈRES, 11

1876

NOTE DE L'ÉDITEUR

En créant la petite **Bibliothèque populaire et sociale à 25 centimes**, notre but, notre désir est d'arriver à porter jusque dans le plus petit des hameaux, la *Lumière et la Vérité*.

Qu'on nous permette de citer ces quelques lignes :

Savez-vous où il faut tracer des lignes stratégiques? C'est dans l'esprit du peuple, que l'on égare et qui n'a plus le fil conducteur de la morale et de la foi.

Ce qu'il faut démolir? Ce sont les ruelles sombres et tortueuses de l'irréligion, construites par les architectes révolutionnaires.

Ce qu'il faut supprimer? Ce sont les quartiers maudits où règne la libre pensée, où se propage de plus en plus, chaque jour, une politique insalubre, où les intelligences gagnent la peste.

Ce qu'il faut éclairer? Ce sont les carrefours du mensonge.

Ce qu'il faut rétablir? Ce sont les grandes voies qui mènent à Dieu et à la vertu.

En un mot, il faut montrer au grand jour, qui du Radicalisme ou du Catholicisme trompe le peuple.

Puissions-nous, au moyen de notre bibliothèque, arriver à ce programme, voilà notre seul souhait.

NOS RÉFORMATEURS

LIBRES PENSEURS

NOS RÉFORMATEURS

LIBRES PENSEURS

PAR

ERNEST CARON

Instituteur laïque et libre, à Paris

Auteur de nombreuses publications (Médaille d'honneur)

Membre du Conseil supérieur de la Société d'instruction
et d'éducation.

PARIS

A. NORMAND, LIBRAIRE-ÉDITEUR

11, RUE DES SAINTS-PÈRES, 11

1876

NOS RÉFORMATEURS

LIBRES PENSEURS

I

C'est principalement aux ouvriers des villes et des campagnes, qui n'ont guère le temps de lire de gros volumes, que je dédie ce petit livre, dont le seul objet est de faire briller à leurs yeux quelques rayons de la *vraie vérité*, de cette vérité que les habiles méconnaissent et répudient, parce que, à l'en-

contre des discours et des écrits inté-
ressés à flatter le peuple et à l'égarer,
par des sophismes qui se dissipent au
contact du bon sens, comme la brume
matinale aux premiers rayons du soleil, elle vient regarder son homme en
face, et lui dire carrément et sans am-
bages ce qu'il est, ce qu'il n'est pas, ce
qu'il doit être.

Et, sans préface ni préambule, j'a-
borde immédiatement la question, et
je leur dis : Mes amis, vous ne savez
sans doute point qui je suis ; mais, moi,
je vous connais, car, bien souvent, je
vous ai vus de très-près. Or, je sais, et
je dis avec la simplicité d'une âme
franche et loyale, que, sous la blouse
que vous portez, sous cette noble livrée
du travail, il y a bien souvent, et vous
pouvez être fiers de cet avantage, plus
de cœur que sous le vêtement luxueux

du riche. Oui, je sais cela ; mais je sais aussi que c'est précisément parce que vous avez du cœur, que vous vous laissez prendre avec trop de facilité aux piéges de ceux qui viennent à vous, la bouche remplie de discours artificieux, et les mains pleines de promesses mensongères.

Je vous dis, en vérité, que ces hommes-là ne sont pas vos amis, parce qu'ils vous trompent, en essayant de vous faire croire que le bien, c'est le mal, que le mal, c'est le bien : ce qui est le rôle le plus abominable qu'un homme puisse jouer ici-bas.

Tous les jours ils s'appliquent à insinuer dans vos esprits *ce qu'ils ne pourront jamais vous démontrer*, je les en défie bien, à savoir : que l'esprit religieux est votre plus grand ennemi, que rien n'est plus abrutissant que de croire : qu'il y a un Dieu, que l'on a une âme créée à l'image de Dieu, que l'on doit au moins de la reconnaissance à ce Dieu de qui l'on tient tout, qu'il y a une religion qu'il faut respecter et pratiquer, etc., etc., comme si tous ceux qui ont fait la grandeur et la gloire de la France, c'est-à-dire des hommes de génie, tels que les Charlemagne, les saint Louis, les saint Thomas, les Vincent de Paul, les Corneille, les Racine, les Boileau, les Bossuet, les Fénelon et une foule d'autres qui ont cru en Dieu, ont honoré la religion et fait le bien, avaient jamais été des abrutis et des crétins. Allons donc !

Et ces madrés, après avoir posé devant vous comme des êtres supérieurs aux plus illustres héros de toute époque et de toute nation, se prennent à frapper leur poitrine, en s'écriant : « *Je suis libre penseur !* » A peu près comme ces incroyables, que nous avons tous rencontrés quelque part, vont s'exclamant d'un ton théâtral : «*Je suis philosophe !*» ignorant en réalité, les uns et les autres, ce que c'est qu'un libre penseur, ce que c'est qu'un philosophe.

Et, ce qu'il y a de plus malheureux, mes amis, beaucoup d'entre vous s'en sont allés se frappant aussi la poitrine, et répétant avec emphase : *Je suis libre penseur !* sans être plus éclairés sur la question que ne le sont les compères eux-mêmes, qui oublient toujours le « *point* » essentiel, à savoir « *d'éclairer leur lanterne.* »

Eh bien, moi, je viens, sans autre prétention que celle de faire un peu de bien, vous présenter, comme je le disais tout à l'heure, un peu de lumière ; et, quand vous m'aurez lu et compris, vous reconnaîtrez, j'en suis sûr, que lorsque l'on est honnête, il y a de l'enfantillage à dire : *Je suis libre penseur !* et que quand on ne l'est point, en disant cela, on fait preuve à la fois de sottise, d'orgueil et de méchanceté.

D'abord, la libre pensée, chose aussi vide que le mot que l'on a inventé pour l'exprimer, est-elle une *idée nouvelle,* comme le prétendent fièrement ses aveugles adeptes?

Pour l'homme de jugement, mes bons amis, poser la question, c'est la résoudre. En effet, demander si la libre pensée est une idée nouvelle, équivaut à peu près à demander si la liberté de respirer, de manger et de boire, de s'asseoir et de se lever, etc., et relativement au sens ridicule que l'Ecole de l'indépendance attache à ce mot, si l'orgueil, le mensonge, l'erreur et la sottise sont des *idées nouvelles*, si la fraude, le parjure, le vol, etc., sont des *idées nouvelles ?*

Non, mille fois non, la libre pensée n'est point une idée nouvelle, puisqu'elle est aussi et même plus ancienne que le monde, puisqu'elle remonte à Lucifer, ou Satan, c'est-à-dire au diable, le libre penseur par excellence.

Non, mille fois non, le libre penseur n'est pas un homme nouveau, puisque Dieu, dès l'origine, a donné à l'homme ce que les philosophes intelligents appellent le *libre arbitre*, c'est-à-dire la liberté de penser et d'agir comme bon lui semble, à la condition toutefois de subir les conséquences de ses pensées et de ses actes, ce qui est d'une logique parfaitement juste et sage.

La libre pensée, c'est donc, au fond, la vieille liberté de penser, dont tant d'hommes, les plus intelligents comme les plus bornés, font un si mauvais usage. Et le libre penseur, c'est tout simplement, non pas l'homme nouveau, « *l'homme du progrès;* » mais, au contraire, « le *vieil homme*, » comme l'appellent les Saints Livres, dont se moquent gratuitement ceux qui ne les ont jamais lus, c'est-à-dire le vrai fils d'Adam, le fils du péché, le déplorable héritier des imperfections, des misères, des faiblesses, des mauvais penchants, des inclinations perverses, inhérents à la pauvre humanité, ainsi qu'il est trop aisé de le constater parmi nous, même chez les gens qui, comme vous et moi, n'ont jamais eu, n'auront jamais maille à partir avec les gendarmes et les sergents de ville.

Vous voyez donc déjà, à la simple lumière du bon sens, ce que c'est que la libre pensée pour l'homme sage, ce ce qu'elle doit être pour l'orgueilleux ou pour le méchant; et vous voilà convaincus, au moins en partie, que la *libre pensée*, je veux dire l'esprit d'indépendance et d'impiété, n'est ni une découverte ni un produit de notre siècle.

Mais je dois vous dire que si les progrès et les abus de la libre pensée constituent l'une des hontes et l'un des plus grands fléaux de notre temps, il faut s'en prendre à la seconde moitié au moins du siècle passé, qui s'appelait modestement, comme le nôtre, le siècle *du progrès*, le siècle des *idées nouvelles*. Je vais vous en fournir la preuve.

En ce siècle-là, qui fut sans contredit le siècle de l'analyse, à un signal parti de la région des ténèbres, la littérature, que l'on a nommée avec raison le

Miroir de la Société, passa presque tout entière, armes et bagages, au service de l'impiété et de la corruption.

Les écrivains et les philosophes, au premier rang desquels, avec un étonnement douloureux, nous voyons briller Montesquieu, Buffon, Rousseau et Voltaire, se font les propagateurs des *idées nouvelles*, et le scepticisme, c'est-à-dire le doute et l'incrédulité, qui tout d'abord n'avait trôné que dans les salons, descend dans les pamphlets et les brochures, afin d'inoculer son virus jusque dans l'âme du peuple.

Voltaire, esprit prodigieux, écrivain de première force, se met hardiment à la tête des audacieux qui n'ont pas craint de déclarer la guerre au Ciel. Et voilà qu'un jour il s'avise de jeter ce défi au Ciel et à la terre : « *Je ferai voir « qu'il suffit d'un seul homme pour dé-*

« *truire la religion catholique... ! Dans*
« *vingt ans Dieu aura beau jeu.* »

Infortuné Voltaire, comme « *le petit serpent à tête folle ,*» tu y perdis
tes dents ; et, l'histoire est là pour le
dire, vingt ans après avoir lancé ta
menace aussi ridicule qu'elle était sacrilége, tu mourus en proie à toutes
les horreurs du plus amer désespoir.
Tel est, tel fut et tel sera le sort des insensés qui, comme toi, s'embarquent,
se sont embarqués et s'embarqueront
en de si folles entreprises.

Mais, comme dit le proverbe : « *Il y*
« *a quelqu'un en France qui a plus d'es-*
« *prit que M. de Voltaire, c'est tout le*
« *monde.* » Aussi la religion catholique
n'est-elle point perdue dans notre pays,
et ne le sera-t-elle point de sitôt, quoi
qu'en puissent dire les pessimistes, oi-
seaux de funèbre présage.

Cependant, il faut l'avouer, sous l'impulsion du maître, la nuit se fait dans les esprits, la raison humaine s'obscurcit, les notions du juste et de l'injuste se confondent, on sème le mensonge à pleines mains, parce que le maître encore a dit : « *Mentons, men-* « *tons, il en restera quelque chose... Ces* « *têtes de choux* (en parlant du peuple) « *nous croiront toujours.* » On se hâte de proclamer les *droits de l'homme*, et l'on néglige à dessein, comme on le fait encore de nos jours, de parler de ses *devoirs*, et les *droits de Dieu* sont foulés aux pieds.

Mais si tu sèmes le vent, tu récoltes la tempête. Or, la tempête que l'on récolta, ce fut le rationalisme, le matérialisme, le déisme, l'athéisme et autres jolis produits de ce genre, que le XVIIIe siècle légua au XIXe, en lui laissant le soin de les perfectionner, ce dont il s'acquitte assez adroitement, il lui faut rendre cette justice.

Chose à jamais admirable, mes bons amis, nos pères se crurent tout-puissants, parce qu'ils avaient su faire cette chose si facile (le mal est malheureusement plus facile que le bien), tout à fait à la portée du dernier des écoliers : secouer ce qu'ils appelaient *le joug de la tradition religieuse*. On les vit se draper merveilleusement dans leur incrédulité railleuse, et s'écrier avec une emphase comique : « *Je suis philosophe !* »

En ces temps-là, voyez-vous, pour devenir philosophe instantanément, il suffisait d'un mot plus simple que le *Sésame, ouvre-toi*. A quoi bon des études ? Pure bagatelle !

Aujourd'hui, ma foi, nous sommes

tout aussi peu exigeants. Nous nous contentons de varier la note, et nous disons crânement, comme vous savez : « *Je suis libre penseur !* » à peu près comme nous dirions : « Je suis libre parleur, libre mangeur, libre buveur, etc., etc. » Le mot est sans doute plus harmonieux, et puis il faut bien se donner, en face des naïfs, l'apparence d'un petit progrès. Au surplus, aux regards de la foule, *philosophe* et *libre penseur* sont et seront toujours exactement synonymes.

Je veux bien, en un certain sens, que cela soit. Mais distinguons : qui dit *philosophe* ne dit pas toujours *libre penseur* ; il s'en faut même de beaucoup : parce que, comme dit Molière, *il y a fagots et fagots.* De même, il y a philosophes et philosophes, parce qu'il y a philosophie et philosophie, comme

je vais vous le faire voir. La chose en
vaut la peine.

Il fut un jour, mes bons amis, où
l'homme s'avisa de porter un regard
investigateur au-dedans de lui-même.
Des questions immenses et quelquefois
redoutables surgirent à ses yeux, et
bientôt il apparut des esprits intelligents, profonds, qui consacrèrent leurs
études et leurs veilles à la solution de
ces problèmes épineux : dès lors la philosophie était née.

On vit ces intrépides chercheurs
établir une théorie complète de l'âme
et de ses facultés, de ses *droits* et de ses
devoirs ; des idées, de leur origine et
des lois merveilleuses du raisonnement.

Mais le monde de l'intelligence, comme le monde de la nature, renferme des
mystères impénétrables, que le flam-

beau de l'explorateur n'éclairera jamais. A ces limites infranchissables, comme aux barrières de l'Océan, semble retentir la voix qui dit : « *Tu viendras briser ici l'audace de tes flots.* »

Le philosophe sensé, savant et modeste à la fois, se garda bien du précipice : il voulut que sa philosophie fût éminemment spiritualiste : il étudia les facultés et les opérations de l'esprit humain, sans se heurter à l'absurde et à l'impiété; les phénomènes et les merveilles de la nature, en reconnaissant et en adorant son Auteur; la morale et ses principes, en établissant, de prime-abord, la *distinction du bien et du mal*, en constatant la *conscience*, en la guidant et l'éclairant; la politique et ses lois, en respectant l'autorité, l'ordre public, et les fondements sacrés de la société humaine.

Telle est la vraie philosophie : elle fait les délices des bons esprits et des nobles cœurs.

Mais, à ses côtés, tout à coup est venue se dresser une philosophie parfaitement indigne de ce nom glorieux, philosophie orgueilleuse et basse tout à la fois, envieuse et malsaine, philosophie exclusivement matérialiste, qui, sans paraître y songer, ravale l'homme jusqu'à la brute, faisant, de nos jours, de cet être intelligent, libre et généreux, *le descendant d'un singe*, méconnaissant Dieu et sa providence, insultant à la religion, la traitant de fable, de comédie et d'invention humaine.

Telle est la faussse philosophie, telle est la vraie mère de la libre pensée. Celle-là est le partage des esprits malades, des déclassés, des aveugles, des passionnés, des égarés, des méchants.

Les théories contradictoires de ses adeptes, avec la prétention de tout éclairer, mènent à la confusion et à l'anarchie des intelligences. Elles s'accordent toutefois sur un point essentiel, c'est lorsqu'il s'agit d'attaquer et de détruire toute religion, et spécialement la Religion catholique, qui s'afflige, uniquement par pitié, de ses menaces et de ses entreprises, appuyée comme elle l'est sur la seule force inébranlable, sur la parole de son Divin Fondateur : « *Je serai avec toi jusqu'à la consommation des siècles.* »

Si, maintenant, vous voulez bien méditer ce qui précède, et, d'autre part, rappeler à votre mémoire tout ce que vous avez dû remarquer dans les faits et gestes des vrais *libres penseurs*, vous n'hésiterez point à dire que la *libre pensée est la faculté pour les libres* penseurs (prononcez les *impies*) de penser comme il leur convient, et l'obligation pour les autres de penser comme les *libres penseurs*. Et, songeant aux ultra de la confrérie, vous ajouterez avec raison : *et pour les libres penseurs le droit d'imposer silence, même par les moyens les plus violents, à ceux qui ne pensent pas comme les libres penseurs.*

II

Lorsque l'on étudie une maladie de l'âme, mes bons amis, il faut procéder par ordre, il faut de la méthode, si l'on veut marcher dans la bonne voie. Il faut, de toute nécessité, absolument comme lorsqu'il est question d'une maladie corporelle, *établir un dia- gnostic.*

C'est ce que nous allons faire, et je vous certifie que nous serons plus d'ac- cord dans nos recherches, que ne le sont parfois entre eux nos graves docteurs.. en médecine, conformément au vieux dicton : *Hippocrate dit oui, Gallien dit non.*

Notre fil conducteur sera toujours le bon sens appuyé sur la vérité ; avec celui-là, on ne risque jamais de s'égarer.

Demandons-nous d'abord quelles sont les causes de la libre pensée. Rien de plus important. *Sublatâ causâ, tollitur effectus.* Enlevez la cause, l'effet cesse.

Les causes principales de la libre pensée sont : l'ignorance, le demi-savoir, la science elle-même, quand elle est dépourvue du contre-poids de l'humilité, les passions, et principalement l'orgueil.

Le monde matériel et le monde moral offrent à nos méditations et à nos études, cela est incontestable, mes amis, une carrière tellement immense, que tout le génie de nos savants réunis n'arriverait point à l'explorer en son entier. D'où vient donc qu'en notre siècle raisonneur, tant d'hommes sont atteints de la manie étrange de disserter sur toutes les questions les plus sérieuses, les plus ardues, et de s'ériger en docteurs sur des matières tout à fait en dehors de la sphère de leurs connaissances, ou qu'ils n'ont envisagées qu'à la simple surface ?

D'où vient que nous sommes tous les jours frappés du spectacle pitoyable que nous offrent tant d'individus, dénués de toute culture intellectuelle, dépourvus même des plus simples notions grammaticales, tranchant d'un ton dogmatique des points de science, de littérature, de morale, de religion ou de politique, et se jetant à l'aveugle dans les opinions les plus ridicules et les plus contradictoires ?

Eh quoi! l'on n'a jamais pu trouver un savant universel, et on ne le pourra jamais; nous constatons journellement que le plus habile médecin ignore le droit, que l'avocat le plus renommé ne sait pas la médecine, que le poète le plus sublime ne sait pas la théologie, etc., et, tous les jours, nous rencontrons de chétifs logiciens qui prétendent tout savoir, et qui, sur toutes choses « *font les entendus, troublent le monde, et jugent de tout plus mal que les autres !* » (Pascal).

Ne connaissant l'histoire et la politique que pour les avoir apprises dans les journaux, les romans et les feuilletons, la religion que pour l'avoir étudiée dans les pamphlets, au théâtre ou dans les clubs, les voilà tout remplis d'infatuation pour eux-mêmes, s'imaginant que, nouveaux Phaétons, ils conduiraient à l'aise, sinon le char du soleil, du moins celui de l'Etat; les voilà qui prennent en main les quelques arguments démodés, rouillés, que l'arsenal de l'impiété met généreusement à leur disposition, et qui s'en viennent, redoutables spadassins, frapper vainement, et d'estoc et de taille, contre les portes inébranlables de l'Eglise catholique, blasphémant contre Dieu et ses préceptes immuables, avec une morgue qui excite l'admiration des naïfs, et les expose à la risée des gens raisonnables.... Jeux d'enfants terribles, dont on se contenterait de sourire, si l'on ne savait qu'ils conduisent à la perversion des mœurs publiques, et quelquefois, hélas ! à de redoutables cataclysmes !...

La science elle-même, mes amis, devient entre les mains d'hommes orgueilleux, ou dont le jugement n'est point à la hauteur de la mémoire, un instrument d'erreur ou de perdition ; elle devient, ce qu'elle est trop souvent de nos jours, essentiellement révolutionnaire, et semble n'avoir d'autre but que de sacrifier sur les autels d'un matérialisme aussi abject qu'absolu.

A l'heure présente, l'attaque, il faut l'avouer, est menée par des chefs habiles. Inutile de les nommer ici, leurs noms reposent sur toutes les lèvres.

Les uns la dirigent vers l'histoire et la littérature ; les autres introduisent hardiment le matérialisme dans la science, et jusque dans la définition des termes de notre langue, tandis que des savants étrangers, aidés par les traducteurs et les commentateurs français, essayent d'en faire la base de l'histoire naturelle et de la médecine.

L'œuvre dissolvante se poursuit avec d'autant plus de succès, que la position élevée, officielle quelquefois, des prédicateurs du matérialisme, exerce un ascendant irrésistible sur l'esprit de la jeunesse, qui se laisse plus aisément séduire par le charme de l'élocution et par la nouveauté des termes, que convaincre et éclairer par la vigueur du raisonnement et par la justesse des principes.

N'a-t-on pas vu, en ces derniers temps, l'une de nos grandes écoles, à Paris, s'ouvrir aux cris de : *Vive le matérialisme!* et des théories s'y produire, où l'on soutenait que *Dieu et l'âme sont des chimères...; que les magistrats et les juges, en condamnant les coupables, sont plus coupables qu'eux,* etc. ?

N'a-t-on pas vu un ancien sénateur s'écrier : *qu'il faut substituer à la vieille*

Bible une morale et une justice à base nouvelle, la MORALE INDÉPENDANTE (que nous examinerons plus loin), *sur la base de* L'ATHÉISME ?...

Je ne tarirais point, mes amis, si je voulais multiplier les exemples de ce genre. Il y aurait de quoi remplir un volume énorme.

Pauvres savants matérialistes, eux que nous voyons jeter de si hauts cris contre l'infaillibilité doctrinale de l'E-glise catholique, proclament hardiment l'infaillibilité de leurs propres doctrines, qu'ils nous servent sous le nom séduisant de *positivisme*, véritable tour de Babel, sorte de dédale, où les visiteurs vont, à travers les ténèbres accumulées, se heurter à toutes les inconséquences, à toutes les contradictions et à toutes les erreurs les plus monstrueuses !...

La vérité, pour s'établir en nous, mes

amis, ne demande pas seulement à notre esprit de la rectitude et des lumières ; elle demande surtout à notre cœur de la droiture et de la bonne foi.

Mais les passions, ces sirènes enchanteresses avec lesquelles il faut toujours compter, sont là, épiant et cherchant à envelopper notre intelligence d'un voile épais, à troubler surtout de leurs orages la sérénité de notre cœur, à y étouffer la voix de la raison. N'est-ce point là l'histoire éternelle du genre humain ? Et ne faudrait-il pas, en vérité, connaître bien peu son pauvre cœur, pour oser nier une vérité aussi claire que l'évidence ?

Donc, c'est surtout contre le cœur de l'homme que l'esprit de mensonge et d'erreur, l'esprit d'impiété, dresse résolûment toute son artillerie de siége. Et voilà bien pourquoi les Saints Livres nous disent que c'est *dans son cœur* (et non dans son esprit qui en murmure et en rit tout bas), que l'impiété a osé s'écrier : « *Il n'y a point de Dieu !* » Voilà bien pourquoi j'ai eu raison de dire que les passions constituent l'une des causes les plus puissantes de la *libre pensée*, c'est-à-dire de *l'esprit d'indépendance.* Or, de toutes les passions, l'orgueil est le premier inspirateur de la libre pensée : je vais le prouver.

III

— Voyons, Messieurs, dirai-je à ceux de nos adversaires avec lesquels il est possible de discuter, vous écrivez sur votre chapeau, et répétez avec emphase: « *Je suis libre penseur !* » Ce terme est sonore, je n'en disconviens pas. Mais quelle signification y attachez-vous ?... Si les mots conservent, au sortir de vos lèvres, leur sens naturel, primitif, cela veut dire, comme je l'ai déjà fait remarquer au commencement de cet opuscule, que vous sentez en vous la liberté de penser, que vous pensez ce que vous voulez, et comme vous le voulez... — Oui, mais... — Pardon, veuillez remarquer que, depuis l'homme qui pense peu jusqu'à celui qui pense beaucoup, depuis celui qui pense bien, jusqu'à celui qui pense mal, depuis le crétin jusqu'à l'homme de génie, depuis le scélérat jusqu'à l'homme de bien, depuis Néron, par exemple, jusqu'à Vincent de Paul, il n'y a, sur la terre, que des libres penseurs. La corporation, vous le voyez, est immense ; elle comprend, pour le présent, toute la population du globe, c'est-à-dire *un milliard quarante-neuf millions de libres penseurs*. Il n'y a donc pas lieu de s'enorgueillir de ce titre si commun, si vulgaire, et, en définitive, aussi prétentieux qu'insignifiant.

— Vous n'avez donc point compris que nous sommes des *libres penseurs*, dans le sens particulier et vraiment digne du mot. Et cela, parce que nous avons énergiquement secoué le joug imposé à notre raison, par l'absolutisme intolérant et intolérable des prêtres et des réactionnaires !... Arrière toutes ces bandelettes soi-disant sacrées qui enveloppent et compriment tous vos fidèles, et en font autant de momies vivantes !... Votre foi est une tyrannie, votre morale une tyrannie, votre politique étroite et égoïste, encore une tyrannie ; nous ne voulons ni de votre foi, ni de votre morale, ni de votre politique.

— Bravo ! mes amis, voilà qui s'appelle parler net ! j'aime cette franchise, et je vous paierai de la même monnaie, en vous disant que je vous comprends d'autant mieux, que je vous avais parfaitement devinés, *l'arbre se reconnais-*

sant à son fruit... Le libre penseur, doué
d'une intelligence exceptionnelle et
d'une indépendance d'esprit incomparable, s'est donc aperçu que la foi im-
pose à sa raison des dogmes souvent
impénétrables, que la morale dicte à sa
conscience des devoirs quelquefois pé-
nibles, que la politique prescrit à son
esprit et à sa volonté des lois parfois
gênantes. Dans son orgueil, il a secoué le joug, repoussé le frein en
s'écriant : *Vive la Liberté!* (ou plutôt
la licence) *A bas l'autorité ! Haine
et guerre à mort au catholicisme!* (sauvegarde suprême de l'autorité, ce principe essentiellement conservateur) ... »
Telle est la devise que la libre pensée
inscrivit de tout temps sur son drapeau,
qui est, de votre propre aveu, le drapeau de la réforme, ou mieux de la *ré-
volte.* Je dis *de tout temps,* parce que

veuillez le remarquer, messieurs, vous n'êtes point du tout des *novateurs* comme vous le prétendez. Votre système, nous l'avons vu, est plus vieux que le monde. *Changer l'étiquette du sac*, sachez-le bien, *ce n'est pas changer la marchandise.* Vos pères, selon l'esprit, se nomment Béelzébuth, Balaam, Hérode, Néron, Julien l'Apostat, Arius, Nestorius, Eutychès, Luther, Calvin, Voltaire, Rousseau, Saint-Simon, Fourrier, Cabet, Proudhon, etc... Un jour, par une amère ironie, vos devanciers s'appelèrent naïvement eux-mêmes les *esprits forts*, et quelques-uns d'entre vous, sans doute, savent comment un La Bruyère, qui certes n'était point un *esprit faible*, leur administra, en un tour de main, une magistrale volée de bois vert. Non, non, vous n'êtes point des novateurs ; et tant qu'il y aura sur notre

globe des esprits rebelles à toute discipline et à toute morale, il s'y rencon-
trera de soi-disant esprits forts, d'agréa-
bles libres penseurs.

IV

Maintenant que nous avons vu très-clairement l'origine, la nature et les causes de la libre pensée, il nous reste à examiner ensemble d'abord les effets, et ensuite ce que j'appellerai les produits de la libre pensée. Rien de plus logique que la marche que nous allons continuer de suivre.

Les effets principaux de la libre pensée sont incontestablement la haine de toute religion, la haine de toute morale, deux choses qui se lient étroitement, qui se tiennent en quelque sorte par la main, et, partant, l'égoïsme, cette lèpre sociale qui exclut fatalement l'amour de la patrie, le patriotisme.

Religion, morale, patrie, trilogie sacrée ! Vous ne détruirez jamais l'une de ces trois choses, ô libres penseurs ! sans détruire les deux autres. Vous les résumerez, si vous le voulez, en ces deux termes inséparables : *Dieu et Patrie.* Et je vous mets alors au défi de conserver le second de ces principes nécessaires, si vous éliminez le premier : je vous le prouverai dans un instant.

La Religion, mes amis, l'histoire est là qui le proclame de sa grande voix, qui retentit à travers l'océan des âges, *la Religion*, dis-je, *est la clef de voûte de l'édifice social.*

Vous en aurez la preuve la plus convaincante, si vous considérez que toute attaque sacrilége contre la religion produit un ébranlement épouvantable dans

le corps social tout entier, si vous considérez que toute révolution sanglante
commence et se continue *toujours* par
la persécution religieuse, par la profa-
nation des églises, par le massacre des
prêtres, etc.

Consultez nos propres annales : des
dates sinistres que l'on voudrait vainement en effacer, elles sont écrites jusque
sur la pierre et le bronze, sont là pour
attester avec une éloquence foudroyante
cette vérité primordiale.

J'ajouterai, à l'appui de mon asser-
tion, que toute nation où la religion est
faible, il est aisé de le voir, est une nation sans force et sans dignité, ou dont
la force factice ne peut longtemps se
soutenir ; que toute nation où la religion est détruite est une nation perdue. Voulez-vous savoir si cela est vrai?
demandez-le encore à l'histoire, cette

grande institutrice de l'humanité, dont les leçons ne trompent jamais.

Les plus habiles parmi les libres penseurs ont beau dissimuler leur haine religieuse sous l'écorce trompeuse des mots à leur usage, les naïfs seuls en sont la dupe.

Ce ne sont pas les partisans de tel ou tel système social ou politique qu'ils poursuivent, en première ligne, de leurs fureurs implacables, ce sont les *croyants*, ce sont ceux qu'ils ont nommés avec une dérision superbe : les *dévots*, les *calotins* et les *jésuites;* c'est par-dessus tout le *prêtre catholique.*

Leur haine contre le prêtre catholique se couvre d'une apparence de raison, aux yeux des esprits passionnés ou irréfléchis, je le sais; elle s'appuie sur cette objection terrible, à savoir que le prêtre catholique est *toujours* un homme indigne, qui échappe moins que tout autre aux défaillances de la nature humaine.

Sans doute, mes amis, le prêtre étant un homme, ne saurait par cela même être dégagé, plus que vous et moi, des faiblesses inhérentes à la pauvre humanité; *il peut pécher*. Mais le prêtre qui pèche, disons-le bien haut, est et sera toujours une exception. *L'exception détruit-elle la règle?* Non certes, pas plus dans le clergé que dans la magistrature, dans l'administration, dans l'armée ou dans tout autre corps quelconque.

Mais le prêtre catholique, mes bons amis, n'est-ce-pas presque toujours cet homme vénérable et bon qui, après avoir renoncé aux joies de la famille, aux douceurs de la paternité, vient sourire au berceau de l'être qui naît, jeter des clartés consolantes sur la tombe de l'être qui finit? n'est-ce pas le doux conseiller de la famille? « *le consolateur par état de toutes les misères de l'âme et du corps?* (1) l'homme éclairé, charitable, qui aide à croire, à espérer, à aimer ?

Et voilà pourtant celui que le libre penseur, intervertissant les rôles, vous représente comme l'ennemi de la société, comme l'ennemi de son pays, comme le corrupteur de l'enfance, comme un empoisonneur public, comme un véritable conspirateur!

C'est sans doute parce que, au nom de Dieu, il interdit le mensonge et la haine, parce qu'il est la sentinelle vigilante et la sauvegarde la plus sûre de la tranquillité publique, opposant à

____

(1) Lamartine.

l'esprit révolutionnaire l'esprit religieux; c'est sans doute aussi parce
qu'il prie pour ceux qui ne prient
point, parce que sa main se lève pour
bénir et pour pardonner, en face de la
main qui se dresse pour maudire ou
pour frapper, c'est sans doute pour cela
qu'il est le point de mire de toutes les
attaques du vrai libre penseur, c'est-à-
dire de l'impie!... Mais,

Ami, mais dites-moi ce que vous a fait cet homme
Dont le vêtement noir vous rend si furieux?
Pourquoi, s'il vous salue avec grâce et vous nomme,
Sans lui dire bonjour détournez-vous les yeux?

— Ce prêtre, je le hais, et voilà tout; ma haine
N'a rien de personnel, c'est pur amour du bien ;
Cette engeance, à mes yeux, souille la race humaine;
Je méprise sa foi; son Dieu n'est pas le mien.

— Il fait du bien, pourtant, peut-être plus qu'un
[autre,
Car, s'il est pauvre d'or, si sa vie est sans fleurs,
C'est qu'en ce monde avide, où Dieu le fit apôtre,
Il a pris pour sa part le pauvre et les douleurs.

— Il prêche l'esclavage aux frais du despotisme.
— A qui donc, s'il vous plaît? Il ne parle qu'à
[nous.
Et c'est de Dieu qu'il prêche... — Et, dans son
[fanatisme,
Il proscrit le savoir pour mieux régner sur nous.

— Il garda seul longtemps le dépôt des sciences.
Il enseigne la vie au petit comme au grand.
Il porte la lumière au fond des consciences,
Et pour le vice seul il est intolérant.

— Il fait un Dieu gorgé de fiel et de vengeance,
Sur les faibles humains toujours prêt à tonner...
— Et, juste, il dit que Dieu, toujours plein d'in-
[dulgence,
Pour un aveu sincère est prêt à pardonner.

— Il porte la discorde au sein de nos familles...
— Et chaque jour il dit : Enfants, soyez soumis ;
Pères, soignez vos fils ; mères, gardez vos filles ;
Chrétiens, du fond du cœur, aimez vos ennemis.

— Il proscrit le plaisir et parque la jeunesse...
— Il dit : Voyez les maux que vos voluptés font.
L'homme est faible ; fuyez l'occasion traîtresse :
Le miel est sur le bord, la lie amère au fond.

— Mais je le hais, vous dis-je, et de haine pro-
[fonde...
— Je comprends : sa présence est pour vous un
[remords.
Passez, ingrat, passez ; peut-être, au bout du monde,
N'aurez-vous que lui seul à votre lit de mort.

M. A. Devoille.

Ainsi, et ainsi seulement s'explique, mes amis, la haine de l'impie contre l'homme religieux en général, contre le prêtre en particulier. Oui, certes, cela est vrai, la vertu est la censure et la condamnation du vice. *La vue de l'homme de bien est un remords pour le méchant.*

Ne dites donc plus, ô libres penseurs plus ou moins lettrés, plus ou moins savants, journalistes, publicistes, so- phistes et rhéteurs de toute espèce, que *« votre haine n'a rien de personnel, »* que c'est *« le pur amour du bien »* qui vous inspire ; que la croisade que vous sou-

tenez par vos discours, par vos écrits,
est une entreprise de réforme, de mo-
ralisation. *L'arbre*, hélas ! *se reconnaît
à son fruit* : l'illusion n'est pas possible.

Vous n'êtes point la main qui frappe,
je le sais, mais vous êtes la main qui
conduit, vous êtes la tête qui dirige.
Vous surexcitez les passions mauvaises,
et le jour vient quelquefois, où les
malheureux que vous avez égarés tra-
duisent inconsciemment vos coups de
plume... vous savez comment! Vous
détruisez les croyances dans le cœur
du peuple, naturellement bon et généreux, mais trop accessible aux sophismes qui flattent ses passions et sourient
à sa misère, et qu'en résulte-t-il? Hugo,
le grand poète, l'a dit dans ses *Châ-
timents*, et vous le savez comme lui :

Quand on ne croit à rien, on est prêt à tout faire.

Ce qui vous montre, en passant, que les Latins avaient raison d'appeler les poètes « *Devins* » Vates !

V

Si le libre penseur est l'ennemi de la Religion, il l'est aussi de la Morale, avons-nous dit, et cela est fatal. *Religion* et *Morale* sont deux termes corrélatifs, comme *père* et *fils*, comme *arbre* et *fruit*.

Voyez, la Sagesse des nations l'a proclamé de tout temps :

« *Il n'y a point*, dit-elle, *de morale sans religion.* » Evidemment, parce qu'elle a compris que la *morale est fille de la religion*.

Et, à propos de cette connexité entre la *Morale* et la *Religion*, laissez-moi vous faire remarquer, mes amis, combien le libre penseur se rend ridicule, lui qui se refuse à croire en Dieu, à le reconnaître pour le père commun de tous les hommes, pour le *Père éternel*, combien, dis-je, il se rend ridicule, lorsqu'il ose prononcer fastueusement et à tout propos le mot *fraternité*, lorsqu'il va, répétant que tous les hommes sont *frères*, qu'il leur porte une amitié toute *fraternelle*.

Je le demande à votre raison, à votre bon sens, peut-il y avoir des *frères* sans *père ?* A-t-on jamais vu cela sous le soleil?... Et d'ailleurs, si l'on n'a ni respect, ni amour pour son *père,* se peut-il que l'on en ait pour ses *frères?*

J'ai rencontré sur ma route force libres penseurs, je n'en ai point encore vu un seul qui voulût se reconnaître ennemi de la Morale, tant il est vrai que la Vertu ne perd jamais ses droits.

J'ai connu un libre penseur émérite qui entrait dans une fureur aveugle lorsque l'on s'avisait de le comparer à un athée, à un païen, à un juif, ou même à un protestant. C'était la plus sanglante injure qu'on pût lui adresser. « Pour qui me prenez-vous? s'écriait-il. Sachez, Monsieur, que je suis catholique. Les X... ont tous été catholiques de père en fils... Tenez, bien que je déteste la *prêtraille*, mon fils se prépare à sa première communion, *dont il sera débarrassé dans trois mois*. Après, ma foi, il gouvernera sa barque comme il l'entendra ; il fera sans doute comme son père, ce qui ne l'empêchera pas d'être un honnête homme (sous-entendu d'être et de demeurer catholique, tout en se disant libre penseur). Quelle logique !!!

Ennemis de la Morale! s'écrient à peu près tous nos libres penseurs sur le ton de la vertu offensée ; point du tout, nous voulons une morale, et, certes, nous en avons une qui vaut mieux que la vôtre.

— Son nom ? je vous prie.

— La Morale sans religion, la *Morale indépendante*.

— Parfait! on nous l'avait déjà dit.

Ici, mes amis, je fais derechef appel à votre bon sens, et je vous prie positivement de conserver votre sérieux, car il faut se garder de rire en des matières si graves.

Si j'interroge tous mes souvenirs grammaticaux et lexicologiques, si, au besoin, pour me confirmer dans mon modeste savoir, je recours à l'intervention du Dictionnaire de l'Académie, je trouve que voilà deux termes: *Morale,*

Indépendante, dont le rapprochement forme une bizarre cacologie.

En effet, *Morale* et *Indépendante* sont deux mots qui, à peu près comme *Activité inerte, Soumission rebelle, Scélératesse honnête, Vie inanimée, Lumière ténébreuse, Chaleur froide*, etc., sont bien peu faits pour s'accoupler ensemble.

Indépendante signifie qui est libre de toute dépendance, qui ne dépend de rien ni de personne. Et *Morale* veut dire précisément tout le contraire, puisque la Morale, qui est la science des mœurs, la science qui enseigne à bien vivre, à bien agir, nous apprend, d'accord en cela avec la raison, que nous *dépendons* de Dieu, d'abord, ensuite de nos semblables, enfin de nous-mêmes, et nous trace des *devoirs*, c'est à dire *des lois de dépendance*, sous ces trois rapports.

La *Morale indépendante* est donc la morale sans tête ni queue, un être phénoménal qui n'est ni chair, ni poisson, n'appartenant à aucun genre défini par la vraie science, en réalité la *Morale de l'Indépendance*, c'est à dire la *Morale sans foi ni loi* — « *puisqu'il faut l'appeler par son nom.* »

Cette morale hétéroclite, qui semble vous étonner, je le vois, n'est pas nouvelle du tout, mes amis, et si vous y regardez d'un peu près, vous verrez qu'elle est assez répandue dans notre société, beaucoup plus même que ne le croient les naïfs.

Consultez vos souvenirs, et dites-moi si vous n'avez point entendu maint personnage s'écriant d'un ton majestueux : « *Je suis Indépendant !* »

Ironie lugubre et navrante ! Vous êtes indépendant ! mortel incomparable...

Mais, de tous les êtres de la nature, vous êtes, au contraire, le plus dépendant que je sache. L'animal qui vit à l'état sauvage, la bête des bois et des forêts est plus indépendante que vous ne sauriez l'être ou le devenir. Elle se procure à meilleur compte que vous l'habitation, le vivre et le couvert; plus que vous, elle est à l'abri des infirmités et des maladies, à l'abri surtout des infirmités et des maladies morales, c'est-à-dire des passions et des vices, dont je puis moi-même, comme vous, comme tout autre, être ou devenir l'esclave infortuné... Mais vous dépendez de tout et de tous, et, par-dessus tout et tous, vous dépendez de Dieu, de Celui que, dans l'égarement de votre impiété, vous vous plaisez à nommer constamment la *Nature*... Que feriez-vous, malheureux, si une force quelconque

venait interrompre ou briser définitive-
ment cet échange de services établi entre vos frères et vous? que deviendriez-
vous si la main de Dieu, l'Etre conservateur par excellence, abandonnait à
lui-même ce globe perdu dans l'espace,
et sur lequel nous ne sommes, vous et
moi, qu'une poussière imperceptible...
et si la Providence divine, dont vous
vous plaisez à méconnaître le plan admirable, et dont la sagesse échappe à
vos conceptions, si la Providence divine, dis-je, vous laissait bouleverser
librement l'harmonie des lois sociales ;
si, à un moment donné, par exemple, il
n'y avait plus sur la terre que des pauvres, ou surtout que des riches? Réflé-
chissez-y, vous qui vous dites *indépendant*, et, dites-le-moi, où irions-nous?
que deviendrions-nous?... J'attends de
votre raison troublée la solution de ce
problème...

D'autre part, voyez, mes amis, l'effet que produirait la morale de la libre pensée, la *morale indépendante*, sur l'esprit de la jeunesse, de l'enfance elle-même, *l'espoir de l'avenir*. La loi de l'autorité et du respect, déjà si affaiblie parmi nous, serait tout à fait anéantie *ipso facto*.

Le père n'aurait plus d'ordres à donner; le fils, devenu complétement *indépendant* du père, serait dispensé de la loi de l'obéissance. Je vais vous en offrir un petit échantillon.

« Mais tu me dois l'obéissance, dirait sévèrement le père. — Pardon, papa. — Comment cela? — Mais je suis un *être indépendant*. — Qui te l'a dit? — Puisque l'on m'enseigne la *morale indépendante*. — Où cela? — Mais, à *l'école laïque* (laïque dans le sens *libre penseur*, bien entendu, de ce mot)! C'est toi qui l'as voulu, ne t'en plains pas. »

Ne comprenez-vous pas que les résultats d'une telle morale, appliquée à tous les âges de la vie, conduiraient la société tout entière, la patrie, aux cataclysmes les plus effroyables ?

Inconséquences et contradictions monstrueuses, ténèbres morales, anarchie, mort sociale, tels sont les abîmes vers lesquels l'esprit humain se précipite, quand il s'écarte des lois de la Religion, fondatrice de la vraie Morale. De quelque manière et à quelque point de vue que nous envisagions la question, nous arriverons toujours à cette conclusion inévitable. Je vais vous le prouver, je l'espère, à l'aide d'une très-courte démonstration philosophique, mise à la portée de tout le monde.

VI

Disons d'abord que la Morale de la libre pensée n'est, avant toute autre chose, que la morale *vulgaire*, c'est-à-dire la morale de l'*intérêt*, autrement dit la morale de l'*égoïsme*.

Morale sans religion, elle est tout bonnement issue, comme on l'enseigne sur les bancs de l'école, et comme nous le disent les bons auteurs, de la philosophie de la *sensation*.

Partant d'un fait unique, la sensation agréable ou pénible, elle arrive fatalement à un principe unique, l'*intérêt*. Pour elle, le bonheur *immédiat* étant le but unique de la vie, l'intérêt devient le mobile unique de nos actions.

Les mobiles principaux de nos actions, mes amis, sont : l'*utile*, l'*agréable* et l'*honnête* : cela est admis chez tous les peuples éclairés. Or, chez les partisans de la morale indépendante, l'*agréable* et l'*honnête* se confondent fatalement avec l'*utile*.

En effet, pour eux l'*honnête* ne saurait être ce qui *convient*, c'est-à-dire ce qui est *convenable*, mais, dans le sens égoïste, brutal, indépendant, du mot, ce qui *plaît*, ce qui est *agréable*, ce qui est *utile*. Pour eux donc, cela est de la dernière logique, pour eux, l'*honnête*, c'est l'*utile;* pour eux, comme l'a dit un philosophe illustre (1), pour eux, « *le génie du calcul est la sagesse par ex-*

(1) Victor Cousin.

cellence, *c'est la vertu.* » Chez eux aussi, comme chez nos bons voisins d'Outre-Rhin, la *force*, la force brutale, *prime le droit* : parce que le *droit*, c'est l'*honnête*.

Après avoir nié Dieu, la libre pensée nie hardiment la *Conscience*, et cela est parfaitement logique, il faut en convenir. En effet, pas de Dieu : pas d'âme, pas de conscience, tout cela s'enchaîne étroitement. Si, d'ailleurs. elle admettait la *conscience*, comment la définirait-elle ? Dirait-elle que la conscience, la *conscience morale*, est ce sentiment intérieur par lequel l'homme se rend témoignage du *bien* ou du *mal* qu'il a fait ?

Mais le *Bien* et le *Mal*, que sont-ils à ses yeux ?...

Pour elle, le *Bien* étant uniquement ce qui se rapporte à notre *intérêt*, le *Bien* et le *Mal* ne sont pas dans l'acte lui-même, mais dans ses conséquences.

C'est ce que nous démontrent clairement l'anecdote et les réflexions ci-
après, que j'emprunte à un ouvrage
célèbre (1) : « *Fontenelle, voyant me-*
« *ner un homme au supplice, disait :*
« *voilà un homme qui a bien mal cal-*
« *culé ! D'où il suit que si cet homme,*
« *en faisant ce qu'il a fait, eût échappé*
« *au supplice, il eût bien calculé, et*
« *que sa conduite eût été louable ! L'ac-*
« *tion devient donc bonne ou mauvaise*
« *selon l'événement ! Tout acte est de soi*
« *indifférent, et c'est le sort qui le qua-*
« *lifie !* »

Ce n'est pas tout. La morale *sans la
Religion*, ou plutôt *contre la Religion*, est
encore frappée de ce vice capital : elle
variera d'un jour à l'autre, ses inven-
teurs l'admettent parfaitement; et ils

(1) Du Vrai, du Beau et du Bien. V. Cousin.

osent appeler cela le *progrès !...* Elle -variera suivant les caractères et les opinions, suivant les circonstances et les temps, toutes choses aussi mobiles, aussi capricieuses, en France surtout, que l'est la mode elle-même : ce qui prouve clairement que cette morale n'est point *nécessaire*, qu'elle n'est point *parfaite...* Une morale sujette au *changement*, susceptible de *progrès*, quelle chose pitoyable !

Considérez, mes amis, qu'il n'en est point de même de l'*obligation* et du *devoir*, qui constituent essentiellement la morale religieuse, la vraie morale.

L'obligation et le devoir sont de tous les temps et de tous les lieux. L'obligation n'est point ou elle est absolue : Cela est un axiome philosophique. On ne transige point avec ces choses-là.

Telle est la morale chrétienne. Elle

n'a jamais varié, elle ne variera jamais. Elle est *nécessaire* : vous ne pouvez la supprimer sans supprimer en même temps l'ordre, la sécurité, la stabilité, la vie. Elle est *absolue*, dans ses principes, parce qu'elle vient de l'*Être absolu*, qui est Dieu. Elle est *parfaite*, parce qu'elle dérive de l'*Être parfait*, c'est-à-dire encore de Dieu.

En voulez-vous la preuve ? Méditez, article par article, le *Décalogue*, ce code complet, parfait, sublime, *immuable*, *divin*, de la véritable sagesse. Voilà, certes, qui tranche la question d'un seul coup. — L'esprit impartial le reconnaîtra donc de bonne foi : grâce à la *Morale indépendante* de la libre pensée, la bride serait lâchée à toutes les passions, la porte ouverte à tous les crimes. Après avoir marché dans les ténèbres, à travers toutes les orgies et toutes les hontes, nous irions rouler dans la fosse, privés de consolations et d'espérances, sous la funèbre pelletée de terre de l'*enterrement laïque.*

Cette épouvantable infortune sera épargnée à notre pays; nous l'espérons, nous le croyons d'une foi robuste et inébranlable : car il y aura toujours parmi nous des hommes pour lesquels cette parole d'un savant philosophe du xviiᵉ siècle sera toujours vraie : « *O* « *homme, souviens-toi que* Conscience « *vaut mieux que* Science. »

VII

Le libre penseur étant l'ennemi de la Religion et de la morale, fondement indispensable de toute société, il suit de là qu'il est l'ennemi de la société, l'ennemi de la Patrie. Le nier serait nier le soleil en plein midi.

On aura beau, croyez-le bien, mes amis, essayer de toutes les inventions, de tous les systèmes ; jamais on ne pourra faire que le principe de la vertu et de l'ordre repose en dehors de la Religion ; jamais on ne pourra faire qu'il soit possible de fonder une morale et une société sans Dieu,

Nos prétendus réformateurs ignorent-ils donc que les plus illustres parmi ceux dont ils arborent fièrement les couleurs, ont hautement reconnu et proclamé les principes fondamentaux dont nous parlons ici ?

L'immortel auteur de l'*Esprit des Lois*, Montesquieu, à qui nous devons cet aveu important : « *Chose remar-* « *quable ! la religion chrétienne , qui* « *ne semble avoir d'objet que la félicité* « *de l'autre vie, fait encore notre bon-* « *heur en celle-ci.* » Montesquieu déclare que « *l'épicuréisme qui s'était in-* « *troduit dans la République romaine,* « *en avait préparé la décadence.* »

Dans son *Contrat social*, le philosophe de Genève, J.-J. Rousseau, veut « *qu'on* « *dresse une formule de foi civile, par la-* « *quelle tout citoyen fasse serment de* « *professer le dogme de l'existence de*

« *Dieu, de la Providence, de la vie fu-*
« *ture.* » Il veut « *que celui qui refusera*
« *d'y souscrire soit banni comme inso-*
« *ciable, et même que celui qui, après*
« *l'avoir prêté, s'y montrerait infidèle,*
« SOIT PUNI DE MORT. »

Les Jésuites n'en ont jamais tant de-
mandé. Les voilà donc dépassés par
celui que l'on se plaît à adorer comme
l'un des demi-dieux de la libre-pensée !
Comme cela est instructif !

Le patriarche de Ferney, Voltaire,
n'a-t-il point proclamé la nécessité
de la religion en disant : « *Si Dieu n'exis-*
« *tait pas, il faudrait l'inventer.* »

Et Robespierre lui-même, l'*Incor-*
ruptible, ne voulait-il pas que l'on écri-
vît sur nos édifices publics : « LE PEUPLE
« FRANÇAIS RECONNAÎT L'ÊTRE SUPRÊME ET
« L'IMMORTALITÉ DE L'AME ! »

Les païens eux-mêmes, mes bons

amis, les païens avaient des idées bien différentes de celles de nos beaux esprits contemporains sur la morale et sur la religion. Savez-vous bien qu'ils en faisaient la base de l'édifice social ?

Par là s'explique la grandeur de ces anciens peuples qui furent les Egyptiens, les Assyriens, les Mèdes et les Perses ; de ces autres peuples, plus célèbres encore, qui s'appelèrent les Grecs et les Romains.

Chez ces hommes-là, voyez-vous, les idées religieuses étaient profondément gravées, ancrées en quelque sorte au fond des consciences ; et cela est si vrai, que Bias, l'un des sept sages de la Grèce, interrogé un jour sur ce que c'était que la piété, se contenta de sourire et de garder le silence ; que Cicéron, voulant définir la véritable sagesse, dit : « *qu'elle* « *est la science des choses* DIVINES *et des*

« *choses humaines ;* » que Plutarque s'écrie : « *Parcourez toutes les nations* « *du globe, vous en trouverez qui n'ont* « *point de cités, point de commerce,* « *point d'industrie, point de science,* « *point de civilisation ; mais vous n'en* « *rencontrerez pas une seule qui n'ait* « *point de Dieu ;* VOUS RENCONTRERIEZ PLU- « TÔT UNE VILLE BATIE DANS L'AIR. » Cela est si vrai, enfin, que la formule que l'on retrouvait sur toutes les lèvres, sur celles mêmes de l'homme de la dernière classe du peuple, lorsqu'une faute contre la religion avait été commise, était celle-ci, que nous retrouvons nous-mêmes aujourd'hui dans les auteurs païens : « *Væ impiis ! Malheur à l'im-* « *pie !* » Le blasphémateur tombait sous le mépris public ; on s'écartait de lui avec horreur, comme nous ferions, nous autres, à la vue d'un lépreux ou d'un pestiféré.

J'ose croire que nos libres penseurs ne s'aviseront point de dire que ces gens-là étaient des *dévots* et des *calotins* ; la plaisanterie serait trop forte.

Si nous considérons, mes bons amis, les principes généralement admis dans notre société, ne serons-nous point tentés de croire que la sagesse consiste, chez nous, dans la possession des dons de l'esprit, dans le talent de la parole, dans la politesse et la distinction des manières, dans l'art de parvenir rapidement à la fortune, etc., toutes choses fort estimables sans doute, mais qui se rencontrent trop souvent, hélas ! étroitement unies à la bassesse, à l'égoïsme et à la corruption ?...

Quand la Rome antique s'était élevée et se maintenait au plus haut degré de puissance et de gloire, savez-vous quel était le secret de sa force et de sa grandeur ? Je vais vous le dire, l'histoire à la main : Elle allait chercher ses dictateurs à la charrue ; ses plus grands citoyens s'honoraient de ce qui, le plus souvent, fait notre honte. Ils étaient grossiers dans le sens que les faux délicats attachent à ce mot, je le veux bien ; mais remarquez ceci : ILS AVAIENT DES MŒURS ET ILS HONORAIENT LES DIEUX.

Plus tard Rome fut polie, trop polie, hélas ! car elle avait atteint une civilisation raffinée : les sophistes, les rhéteurs, les baladins, les histrions, les courtisanes et autres démolisseurs de la religion et de la morale, trônèrent jusqu'au Forum : les mœurs disparurent, et... les Barbares vinrent réclamer une proie facile.

Prenons-y garde, Français, il y a des vérités que l'on ne méconnaît point impunément !...

Nous sommes parvenus à un très-haut degré de civilisation, dans le sens purement humain de ce mot, je le sais. La science, la littérature, les arts, l'industrie, le commerce, semblent avoir dépassé les colonnes d'Hercule, je le sais encore et j'en suis fier, comme tout vrai Français doit l'être ; mais, au point de vue moral et religieux, au point de vue vraiment social, où en sommes-nous, hélas !

Sous le rapport des croyances, si nous y regardons d'un peu près, ne voyons-nous pas la grande famille française comme partagée en trois grandes classes distinctes ?

Ici, ceux qui croient à Dieu et en Dieu, à la vérité, à la justice, à la vertu, à l'honneur.

Là, ceux qui ne croient à rien, et dont le programme est la négation des plus saints attributs de l'humanité, la destruction des principes sur lesquels repose la société tout entière.

Plus loin, ceux qui ne croient qu'à une chose : le *gendarme*. Et ceux-là forment, il faut le dire, le plus grand nombre, ce qui est assez rassurant. Ils reconnaissent sincèrement et avec la foi la plus robuste, la nécessité de *l'ordre social*, j'en conviens ; mais leur morale étroite, égoïste, n'a qu'un but : le plaisir et la jouissance.

Par l'ordre social, qu'entendent-ils ? La tranquillité de la rue, l'ordre à la surface, et voilà tout... La Morale et la Religion leur importent fort peu. Ils diraient bien volontiers comme d'aucuns : *Morale et Religion, qu'est-ce que c'est que ça ?... Connais pas.*

Que leur importeraient aussi les doctrines des libres penseurs les plus avancés, s'ils ne savaient que, parmi ces doctrines, il en est une qui pose en principe que la *propriété, c'est le vol?*

Pauvres gens, aveugles au point de ne pas reconnaître que le désordre moral appelle fatalement à sa suite le désordre matériel; qu'un peuple sans religion sera toujours un peuple tenté de se lever, au premier signal des factieux, pour briser le joug des lois les plus saintes, pour renverser les institutions sociales les plus honnêtes, les plus indispensables; aveugles au point de ne pas s'apercevoir que leur indifférence est une véritable complicité; et que, grâce à leur coupable apathie, la gangrène va s'infiltrant par mille voies ténébreuses, le mal s'étend, comme une lèpre dévorante, et les menace eux-mêmes d'une entière destruction!...

Eh bien, si l'on veut, mes amis, que

l'harmonie soit complétement rétablie dans le corps social, il faut que les trois grandes catégories de citoyens ci-dessus indiquées, soient ramenées à une seule. Et comme cela n'est guère possible, il faut, au moins, que la foi pénètre dans les masses, qu'elle imprègne les cœurs, les esprits et les volontés de la majorité des citoyens; il faut, et notez que cela est de la plus haute importance, il faut que, si l'on parle à l'homme du peuple, comme au riche, de leurs *droits*, on parle aussi de leurs *devoirs*, ce que l'on néglige singulièrement de nos jours : car le *droit* et le *devoir*, mes amis, sont inséparables; ils sont, comme l'a dit le philosophe illustre que je vous ai déjà cité deux fois, ils sont frères et frères jumeaux d'une mère commune, qui s'appelle la *liberté.*

Si une incertitude, si un doute s'élève

dans votre esprit, au sujet de cette exacte et magnifique définition, il va être immédiatement levé.

Si j'ai *droit* à ton respect, pouvez-vous faire observer à votre fils, c'est parce que ton *devoir* est de me respecter ; si tu as *droit* à ma protection, c'est parce que mon *devoir* est de te protéger.

Si j'ai *droit* à la protection des lois, pouvez-vous vous dire à vous-mêmes, j'ai le *devoir* de respecter les lois, ce qui augmentera en quelque sorte mon *droit*, au lieu de l'affaiblir. Et il vous sera aisé, si vous le voulez, d'appliquer un raisonnement analogue à tous les cas possibles.

C'est ainsi que, par le simple secours d'une logique qui est à la portée de tous, puisqu'elle est celle du bon sens et de la raison, le triomphe de la vérité sur le mensonge s'établit dans les consciences.

VIII

A l'œuvre on reconnaît l'ouvrier ; au fruit on reconnaît l'arbre : cela est clair comme le jour. Eh bien, mes amis, de même à l'œuvre et au fruit, nous reconnaîtrons le croyant, le chrétien, l'incrédule, le libre penseur; de même, la religion et l'irréligion.

Si nous demandons d'abord à la Religion quelles sont ses œuvres, quels sont ses fruits, j'entends sortir des entrailles du pays tout entier, comme une voix majestueuse qui nous répond : « Regarde ces innombrables maisons de prière, de travail, d'étude et de science, ces institutions innombrables aussi de bienfaisance et de charité, qui

recouvrent la surface de ton pays, et
dis-moi qui les a créées, dis-moi qui
les entretient; de ton pays, enfant
privilégié, que j'ai comblé, dès sa
naissance, en le pressant sur mon
cœur, en le réchauffant de mes baisers
et de mes caresses les plus tendres, que
j'ai comblé, dis-je, de mes trésors les
plus riches, de mes bienfaits les plus
généreux, dont j'ai fait la place si belle
et si glorieuse au soleil des nations.
Compte, si tu le peux, tous les malheureux que j'ai consolés, soulagés, gué-
ris, tous les infortunés dont j'ai séché
les larmes, tous les affligés, les égarés,
les délaissés, que j'ai arrachés à la
misère, au vice, au désespoir, au crime.
Compte encore, si tu le peux, ces lé-
gions de prêtres dévoués, de missionnaires héroïques, d'humbles religieux,
de filles charitables, anges de la terre,

dont les noms seuls rempliraient digne-
ment le [Livre d'or de ton pays... Ma
main, ne le vois-tu donc pas ? est libé-
ralement ouverte à l'enfant, à l'adoles-
cent, à l'homme mûr, au vieillard, à
l'indigent, au riche, à l'ignorant, au
savant, à tous, parce que devant moi
tous sont égaux en droits, parce que
tous ils sont frères...

Tel est, en abrégé, le langage que
vous tient la Religion ; je dis *en abrégé*,
parce qu'il n'est pas un pinceau, pas
une plume capable de nous tracer et
de nous peindre, en son entier, le
tableau des merveilles et des bienfaits
de la vraie religion.

Insensé et malheureux qui refuse de
l'écouter et de la comprendre !

Si nous demandons maintenant à
l'irréligion, à la libre pensée, à l'Ecole
de l'Indépendance, ce qu'elle a fait,

ce qu'elle fait, et se propose éternelle-
ment de faire pour le bonheur de l'humanité ; si nous la prions de vouloir
bien énumérer et dénommer les éta-
blissements, les fondations et les institutions qui sont sortis de ses mains ;
indiquer seulement les services qu'elle
a rendus à la classe des besoigneux,
des infirmes et des souffrants, ah ! je
frémis et je pleure, quand je songe à
la réponse qui nous sera donnée par
la véridique et impartiale Histoire,
prenant pour elle la parole, et nous tra-
çant le récit sévère, lamentable, des
œuvres de l'impiété, aux divers âges
du monde.

Si la libre pensée daignait nous
répondre elle-même, que dirait-elle ?
mes bons amis, soyez-en convaincus, elle se bornerait à la brève no-
menclature de pâles et stériles imi-

tations, créations dépourvues d'activité, de vitalité, dont le résultat, pour le bien, a toujours équivalu à peu près à *zéro* : parce qu'elles n'ont point reçu le souffle créateur, la moelle du lion , si je puis ainsi parler, c'est-à-dire l'inspiration religieuse, le rayon d'en haut, qui donne à toute conception vraiment *humanitaire* le cachet de l'immortalité ; parce que l'Ecole de l'Indépendance, aussi habile à bouleverser et à renverser qu'elle est impuissante à créer et à fonder, est essentiellement, comme je le prouverai plus loin, l'*Ecole du Rien.*

Mais, *attendez,* dira-t-elle, car *l'avenir est à nous.*

L'avenir est à Dieu, fort heureusement, répondrai-je.

L'homme s'agite et Dieu le mène, a dit Fénelon, et cela est vrai dans notre

France, plus que partout ailleurs : car Dieu, dont l'ombre (l'ombre du Très-Haut !) a paru se retirer de nous, Dieu, en réalité, protége toujours la France, *fille aînée de l'Eglise.*

L'enfantement de vos œuvres, ô libres penseurs, est lent et tardif, semblable en cela à celui de la Montagne de la Fable. Le résultat sera-t-il le même ?.... A coup sûr, ce ne sont pas les cœurs vraiment honnétes, vraiment français, les cœurs religieux, qui en gémiraient.

Vous nous avez promis, vous nous promettez encore à grand bruit *l'instruction* soi-disant *laïque, l'école sans Dieu.* Tel est, dit-on, le colosse que doit enfanter la montagne. Que de gens, hélas ! se font un bœuf de cet œuf ! un lion, de cette souris ! En réalité, comme dans l'Apologue, de *loin c'est quelque chose, et de près ce n'est rien...* rien qu'une ombre, un fantôme, « *enfin bâtons flottants sur l'onde,* » que les naïfs, comme ceux de la fable, prennent volontiers « *pour un puissant navire.* »

Il est bon, toutefois, de savoir au juste, mes amis, ce que c'est que ce fantôme qui vient à nous, les mains toutes pleines de promesses séduisantes ; ce qui se cache, en un mot, sous ces mots menteurs : *l'instruction laïque.*

Ici, comme ailleurs, il faut bien se garder de la fantasmagorie, je dirai mieux, de l'hypocrisie de l'expression. *Laïque* est, dans cette enseigne fallacieuse, détourné de sa signification propre ; il est essentiellement et radicalement l'opposé, disons plus et disons vrai : l'ennemi et l'ennemi [mortel de *religieux*. *L'instruction laïque*, c'est *l'instruction impie* ; *l'instruction laïque*, ce n'est pas seulement *l'école sans Dieu*, c'est avant tout *l'école contre Dieu*.

Qu'espère-t-on, que veut-on, en effet, par l'*Instruction laïque*, sinon obscurcir et anéantir dans l'esprit de la jeunesse la notion de Dieu, la foi en la Divine Providence, en répétant aux enfants qu'il n'y a pas de Dieu, pas d'âme, pas de conscience, pas de responsabilité morale ; que les ministres de la religion sont des hypocrites, des exploiteurs, etc., etc., et préparer ainsi à la France une génération de rationalistes, de matérialistes et d'athées ?

Or, je le demande à l'homme qui n'a point perdu tout son bon sens, à celui qui a conservé quelques bribes d'instruction première, une telle entreprise, une telle œuvre est-elle possible, *dans un pays comme la France?* Je vais vous en donner une idée; suivez-moi bien.

Instituteurs de l'école soi-disant *laïque*, c'est-à-dire de *l'école contre Dieu*, quand vous vous serez écartés avec horreur de l'histoire sainte, dans la crainte d'y rencontrer la grande figure du Christ, douce et céleste figure, qui rayonne sur l'humanité entière et plus particulièrement sur la France, et qui, pourtant, vous effraye au lieu de vous consoler, dites-le moi, comment oserez-vous bien aborder l'histoire de notre France, de ce pays privilégié qui porte, en quelque sorte, sur chaque parcelle de son territoire, l'empreinte des pas du Divin Crucifié, vrai Sauveur, vrai Civilisateur?

Que direz-vous de la prédication de l'Evangile (la *bonne nouvelle*, ne vous en déplaise), et de la fondation des premières églises dans les Gaules? du sang des martyrs devenant, sur cette terre rude et barbare, qui va s'appeler la France, une semence féconde de chrétiens, de ces vaillants chrétiens dont la race indestructible survivra, comme elle a survécu, à travers tous les âges, vous le savez, à tous les genres de persécutions? des missionnaires et martyrs, Pothin et Irénée, premiers évêques de Lyon? de Bénigne, premier évêque de Dijon? d'Andréol, l'apôtre du Vivavais, dont un bourg porte encore aujourd'hui (xix° siècle), le nom? de la jeune esclave Blandine, respectée par les lions, devenus moins cruels et plus intelligents que les hommes, et lassant la rage indomptable des bourreaux? d'un enfant de 15 ans, Ponticus, enflammé par les exhortations de Blandine, s'élevant à la hauteur de son angélique héroïsme? du prêtre Marcel, du diacre Valérien, compagnons des martyrs lyonnais, s'échappant de leur prison, remontant la Saône, et évangélisant le pays, recevant enfin la couronne du martyre, après avoir jeté la semence divine, dont les fruits civilisateurs se perpétueront, de siècle en siècle, sur le sol béni dont ils ont entrevu les glorieuses destinées? de Valérien, subissant à Tournus, pour la foi, comme saint Bénigne à Dijon, les supplices les plus horribles?... Que direz-vous du jeune Symphorien, marchant avec fermeté à la mort, tandis que sa mère lui criait du haut des murs : *Courage! mon fils, courage!* de saint Irénée, successeur de l'évêque Pothin, à Lyon, mourant, comme lui, pour confesser la même foi, la seule chose vraiment *une et in-*

divisible, au milieu d'affreuses tortu-
res?... Que direz-vous de cette seconde
armée de missionnaires, qui opère une
nouvelle et sainte invasion dans la
Gaule, marchant sur les pas d'é-
vêques illustres, lesquels fondent les
églises d'Arles, de Toulouse, de Tours,
de Limoges, de Clermont, de Poitiers,
etc. (églises qui, après tant de siècles
écoulés, sont encore là, vivantes et
florissantes), et dont le chef s'appelle
saint Denis, ce grand apôtre, qui vient
prêcher l'évangile à Lutèce (Paris),
qui subit le martyre sur la montagne
de Mars (Montmartre), où se dressera,
dix-sept siècles plus tard, la sainte église
du Sacré-Cœur, protecteur de la France
toujours chrétienne; et dont le corps
glorieux est enseveli par une sainte
femme, dans la plaine où s'élèveront
ensuite l'abbaye et la ville qui porte-

ront son nom, *Saint-Denis !* de saint Martin, fils d'un tribun militaire, faisant éclater dans les camps, dès sa dix-septième année, l'exemple de toutes les vertus, avant même d'avoir reçu le baptème, offrant ensuite chez les *Ambiani* (Amiens), un modèle sublime de charité chrétienne, lequel sera, dans les âges à venir, célébré par la poésie, et reproduit par la peinture ? de ce même saint Martin, se faisant humblement le disciple de saint Hilaire, l'apôtre de Poitiers, l'une des gloires de l'épiscopat de ce temps, le grand docteur qui confondit l'arianisme, cette criminelle erreur qui diminuait Jésus-Christ ? de ce même saint Martin, devenu évêque de Tours et surnommé l'*apôtre des campagnes*, à cause du zèle avec lequel il établit un nombre immense de paroisses rurales? de saint

Martin enfin, dont tant de villages français sont encore fiers aujourd'hui
(*aujourd'hui,* vous entendez) de porter
le nom? Car voilà bien, en raccourci,
quels furent les vrais fondateurs de la
France, les vrais civilisateurs! Mais,
ce n'est pas tout.

Que direz-vous des monastères, de
ces *asiles de la paresse,* comme on se
plaît à les appeler trop souvent, où se
forment dès les premiers siècles de
notre ère des pépinières de savants et
d'écrivains illustres, alors que la littérature païenne est devenue stérile?
Que direz-vous de sainte Geneviève,
de Clotilde, de Clovis à Tolbiac, de
Charles Martel à Poitiers? de Charlemagne volant au secours du pontife de
Rome, et assurant l'indépendance tem-
porelle des Papes, grand fait historique,
l'une des plus belles gloires de la

France chrétienne? de Charlemagne, instituant et dirigeant lui-même de nombreuses écoles?... Que direz-vous de la *Trève-Dieu* et *des Associations de la Paix*, dues à la seule initiative de la Religion et de ses ministres, et qui vont préparer *l'affranchissement des communes?*...

Que direz-vous de la conversion de Rollon donnant à la France un peuple jeune, plein de force et de génie, qui accomplira de grandes choses pour la fortune et l'honneur du pays, pour la gloire du nom chrétien? Que direz-vous de la *Chevalerie*, née au souffle fécond de la Religion qui, seule, pouvait engendrer cet idéal de courage, de pureté et de dévouement, dont elle laissera dans les mœurs de la grande nation des *traces ineffaçables?*... Que direz-vous de ces millions d'hommes, se levant à la voix d'un *moine* français, pour voler à la conquête d'un tombeau, celui du *Christ*? Que direz-vous des *Croisades*, de ces grandes expéditions dont le résultat le plus clair fut de rapprocher les nations, de confondre les diverses classes de la société, d'imprimer un essor inouï au commerce et à la navigation, de favoriser prodigieusement l'industrie, les sciences, les lettres et les arts?... Que direz-vous de saint Louis, que le peuple d'aujourd'hui voit encore assis sous le chêne de Vincennes, rendant la justice aux faibles et aux petits, et qui sut inspirer à ses barbares ennemis le respect de ses vertus, au point qu'ils voulaient le placer à la tête de leur empire?... Que direz-vous de Saint-Bernard, encore un *moine* celui-là, et le *premier homme de son siècle*, qui, du fond de son monastère, remue et gouverne l'Europe?... Que direz-vous de cet art nouveau, art exclusivement chrétien, faisant surgir de terre ces cathédrales gothiques, montagnes de pierres dentelées, ciselées à jour, qui, avec leurs vastes nefs, leurs gigantesques piliers, leurs rosaces flamboyantes, aujourd'hui encore, à l'impie, au libre penseur lui-même, inspirent une terreur religieuse, et commandent l'admiration, en défiant l'art moderne, qui ne saurait faire mieux?...

Direz-vous, messieurs, qu'à cette époque on va chercher la science et la littérature au fond des cloîtres qui, *seuls*, oui, *seuls*, ont su garder laborieusement, religieusement, ce dépôt sacré? Direz-vous que des écoles et des universités célèbres sont fondées par la seule main du clergé sur divers points du royaume? que celle de Paris, notre grand Paris, « *la cité des philosophes,* » est surnommée « *la citadelle de la foi catholique?* » Direz-vous que ses plus illustres professeurs : Duns Scot, *le docteur subtil,* Roger Bacon, Raymond Lulle, sont des *religieux franciscains?* saint Thomas, *le docteur universel,* et Albert le Grand, *des dominicains?* qu'on y voit accourir, des régions les plus éloignées, des milliers d'étudiants, du milieu desquels, au treizième siècle seulement, sont sortis sept papes, et un grand nombre de cardinaux et d'évêques renommés?... Que direz-vous de Du Guesclin et Bayard qui, avant tout, furent des héros chrétiens? Que direz-vous de Jeanne d'Arc, l'une des figures les plus héroïques, les plus catholiques de notre histoire?... Que direz-vous de saint Vincent de Paul, le plus grand apôtre peut-être de la charité, la personnification sublime de la *véritable fraternité*?... Que direz-vous de cet esprit du christianisme qui, en ce siècle remarquable (le siècle de Louis XIV), dont Voltaire a daigné raconter les grandeurs, saisit à nouveau notre littérature tout entière, l'élève à son apogée, et nous assure, pour la deuxième fois, la domination intellectuelle du monde entier? Que direz-vous enfin de tous ces grands génies qui tous, *tous*, vous ne le sauriez nier, furent élevés par des maîtres chrétiens, qui tous honorèrent la Religon, les uns pendant leur vie entière, les autres à l'heure suprême de la mort : témoin l'inimitable la Fontaine, abjurant ses erreurs, témoin Molière lui-même, expirant entre deux sœurs quêteuses qu'il a retirées dans sa maison?...

Ce sont là, direz-vous, les œuvres du fanatisme et de la superstition !... Tout cela va s'éclipser devant l'accroissement de l'intelligence humaine : une *ère nouvelle* est ouverte pour la France, et, par la France, pour l'humanité tout entière !...

Insensés, que parlez-vous d'ère nouvelle ?

L'erreur est-elle chose nouvelle ? Et depuis quand, je vous prie, l'erreur a-t-elle détruit la vérité ? quand donc le pourra-t-elle ?

Dites-moi : ce sont sans doute aussi des œuvres de *fanatisme* et de *superstition*, celles qui s'appellent, le *Discours sur l'histoire universelle*, le *Traité sur l'Existence de Dieu*, les *Caractères de la Bruyère*, où les Esprits forts, les libres penseurs d'autrefois sont si vigoureusement définis, les *Pensées de Pascal*,

Polyeucte, Athalie (1), *Tancrède, Alzire*
et *Zaïre*, ces trois chefs-d'œuvre *reli-*
gieux de Voltaire, le *Petit-Carême* (2),
les *Martyrs*, le *Génie du Christianisme*,
et tant d'autres chefs-d'œuvre qui font
la gloire et la splendeur de la France!

Ceux qui les ont signés étaient sans
doute aussi des fanatiques!

Fanatique était donc Voltaire lui-
même, quand il offrait son *Fanatisme*
au pape Benoît XIV, lui disant qu'il
présente son œuvre au « *Chef de la véri-*
table religion, à l'imitateur d'un Dieu de
PAIX *et de* VÉRITÉ, *lui demandant sa bé-*
nédiction, » et ajoutant qu'il « *se pros-*

(1) « *Athalie est le chef-d'œuvre de l'esprit hu-*
main, » a dit Voltaire.

(2) Voltaire avait toujours près de lui, même
en voyage, le *Petit Carême* de Massillon, ce
grand évêque qu'on a surnommé le *Racine de*
la chaire.

terne et BAISE SES PIEDS SACRÉS. » Fanatique était J.-J. Rousseau, disant : « *La
majesté des Ecritures m'étonne ; la sain-
teté de l'Evangile parle à mon cœur...
La vie et la mort de Socrate sont d'un
homme ; la vie et la mort de Jésus sont
d'un Dieu.* »

Non, Messieurs, non, je vous le dis
en vérité, l'*instruction* LAÏQUE, telle que
vous l'entendez, n'est pas possible ;
c'est une entreprise avortée et qui le
sera toujours ; c'est un enfant mort
au sein de sa mère. Pour qu'elle fût
réalisable, il nous faudrait descendre
jusqu'au dernier des échelons qui
mènent à la barbarie. Grâce à Dieu,
nous n'y sommes point encore, nous
n'y serons peut-être jamais.

Tenez, lisez ces paroles éloquentes,
prononcées le 15 janvier 1850, à l'As-
semblée nationale, par Victor Hugo,
vous entendez, par *Victor Hugo*, dont

vous invoquez si souvent les principes,
et que vous connaissez bien peu au
fond.

« L'enseignement religieux est, selon
« moi, plus nécessaire aujourd'hui
« qu'il ne l'a jamais été. Plus l'homme
« grandit, plus il doit croire. Il y a un
« malheur dans notre temps, je dirais
« même, il n'y a qu'un malheur : *c'est*
« *une certaine tendance à tout mettre*
« *dans cette vie.* »

« En donnant à l'homme pour fin et
« pour but la vie terrestre, la vie ma-
« térielle, on aggrave toutes les misères
« par la négation qui est au bout, on
« ajoute à l'accablement des malheu-
« reux le poids insupportable du néant,
« et, de ce qui n'est que la souffrance,
« c'est-à-dire une loi de Dieu, on fait
« le désespoir. De là, DE PROFONDES
« CONVULSIONS SOCIALES. Certes, je dé-
« sire améliorer dans cette vie le sort

« matériel de ceux qui souffrent; mais
« je n'oublie pas que la première des
« améliorations, c'est de leur donner
« l'espérance. Combien s'amoindris-
« sent de misères bornées, limitées,
« finies, après tout, quand il s'y mêle
« une espérance !

« Notre devoir à tous, c'est sans doute
« de chercher à diminuer la misère,
« mais *c'est aussi de faire lever toutes les*
« *têtes vers le Ciel*, c'est de diriger
« toutes les âmes, c'est de tourner
« toutes les attentes vers une vie ulté-
« rieure, où justice sera faite, et où
« justice sera rendue.

« Disons-le bien haut : Personne
« n'aura injustement ni inutilement
« souffert. La loi du monde moral,
« c'est l'équité. Dieu se trouve a la fin
« de tout. Ne l'oublions pas, et *ensei-*
« *gnons-le à tous* : il n'y aurait aucune
« dignité à vivre et cela n'en vaudrait

« pas la peine, si nous devions mourir
« tout entiers.

« Ce qui allége la souffrance, ce qui
« sanctifie le travail, ce qui fait l'hom-
« me bon, fort, sage, patient, bienveil-
« lant, juste, à la fois humble et grand,
« digne de l'intelligence, *digne de la*
« *liberté*, c'est d'avoir devant soi la per-
« pétuelle vision d'un monde meilleur,
« rayonnant à travers les ténèbres de
« cette vie.

« Quant à moi, j'y crois profondé-
« ment à ce monde meilleur, et, je le
« déclare ici, c'est la suprême certitude
« de ma raison, comme c'est la suprême
« joie de mon âme.

« Je veux donc sincèrement, je dis
« plus : *Je veux ardemment l'enseigne-*
« *ment religieux.* »

Bossuet lui-même n'en'et peut-être
pas mieux dit.

IX

Les plus illustres parmi les chefs de
la libre pensée ne manquent donc pas,
vous le voyez, mes amis, quand l'occasion s'en présente, de rendre un hom-
mage éclatant à la vérité. Je pourrais
joindre bien des exemples à celui qui
précède. Je me contenterai d'évoquer
à nouveau devant vous la grande figure
de Voltaire, que Messieurs de la libre
pensée se sont plu à dresser au fron-
ton de leur temple, comme si M. de
Voltaire était le véritable fondateur de
la libre pensée.

Voltaire, selon ces hommes sérieux,
« *marche à la tête de l'humanité,* »

comme le plus sincère ami du peuple, comme le plus illustre des patriotes, comme l'amoureux le plus fervent de la liberté, comme l'ennemi le plus acharné de la Religion, *le libre penseur par excellence.*

Eh bien, Voltaire va comparaître devant vous, il va prendre la parole et se juger lui-même.

Ouvrez sa *Correspondance* à la date du 17 avril 1765 ; vous y lisez :

« *Le peuple ressemble à des bœufs, à* « *qui il faut un aiguillon, un joug et* « *du foin.* »

Vous avez bien lu : un *aiguillon* et un *joug* pour le peuple. Et par-dessus tout cela, du *foin !* Singulière façon chez le prétendu grand-prêtre de la libre pensée de faire la cour au peuple, dont on prétend tous les jours *qu'il a proclamé le premier la souveraineté !*

Voilà donc l'homme du progrès, l'homme qui « *marche à la tête de l'humanité !* »

Voulez-vous savoir comment Voltaire entendait l'enseignement populaire, et s'il comprenait réellement mieux que les Jésuites, les *amis de l'obscurantisme*, comme on dit, la nécessité d'arracher le peuple aux ténèbres de l'ignorance ? Écoutez :

Voltaire nous dit, toujours dans sa *Correspondance*, lettre du 19 mars 1766 :

« *Il est à propos que le peuple soit* « *guidé, et non pas qu'il soit instruit ;* « IL N'EST PAS DIGNE DE L'ÊTRE. »

Plus loin, à la date du 1er avril, nous lisons :

« *Il me paraît essentiel qu'il y ait des* « GUEUX *ignorants; ce n'est pas le* MA- « NOEUVRE *qu'il faut instruire, c'est le* « *bon* BOURGEOIS. QUAND LA POPULACE SE

« MÊLE DE RAISONNER, TOUT EST PERDU. »

Le masque est tombé. Tel est donc l'ami du peuple ! Tel est l'homme du progrès ! Qu'en dites-vous, mes amis ?

Voltaire était-il un vrai patriote ? Il va vous le dire encore lui-même.

Il fut un temps, vous le savez, où la Prusse nous combla de ses plus douces aménités. Je ne parle point ici des années de grâces 1870 et 1871. Cela remonte un tantinet plus haut. Le Prussien est l'ennemi né de la France.

Frédéric nous avait profondément humiliés à Forbach. Un hurlement de rage et de douleur avait retenti d'un bout de la France à l'autre. Il n'y eut, alors comme aujourd'hui, qu'un sentiment de haine, qu'un désir de vengeance, bien légitime, hélas ! contre le brutal envahisseur qui venait d'incendier seize villages en Alsace et de piller

Eh bien, qui le croirait? Il y eut en ce temps-là un homme, un seul, qui resta en correspondance avec le plus mortel ennemi de la France, continuant de lui adresser ses flatteries intéressées; cet homme-là, mes amis, s'appelait Voltaire.

Voyez comme il verse à plaisir l'injure et la honte sur son pays. Lisez la lettre qu'il écrivit, quelques mois avant de mourir, au roi prussien, Frédéric, au vainqueur de Forbach; vous y trouvez ces mots qu'une plume française transcrit en frémissant :

« LE PEUPLE FRANÇAIS EST SOT ET VOLAGE,

« VAILLANT AU PILLAGE ET LACHE DANS LES

« COMBATS. »

Si vous éprouvez quelque doute, prenez la *Correspondance* de Voltaire. Le livre n'a point été écrit par les Jésuites, il est aisé d'en fournir la preuve.

Voltaire était-il un vrai libre penseur, un athée sincère ?

A cette question, voici d'abord une réponse péremptoire, que je trouve dans les mémoires du temps :

Je cite textuellement :

« M. de Voltaire se crut obligé d'é-
« difier les nombreux vassaux dont il
« était le seigneur. Ce grand homme, en
« conséquence, fit, très-inconséquem-
« ment, venir un capucin auquel il se
« confessa humblement, fit entre ses
« mains une espèce de rétractation, et
« *acheva de remplir le devoir pascal*
« *par la communion...* »

Veuillez remarquer que cette cérémonie édifiante eut lieu à Ferney, dans l'église paroissiale, que *Voltaire* avait *fait bâtir à ses frais.*

Il n'était donc point si libre penseur, si *anticlérical* non plus, que cela,

M. Arouet de Voltaire, gentilhomme de la cour du roi Louis XV, protégé de l'impératrice Catherine, « *la Sémiramis du Nord*, » familier du grand Frédéric, et aristocrate jusqu'au bout des ongles.

En voulez-vous une dernière preuve ? Après avoir reporté votre esprit aux démarches si révérencieuses de Voltaire auprès du pape Benoît XIV, dont *« il baise les pieds sacrés, »* lisez et relisez avec un attendrissement religieux, le passage sublime que je vais détacher de l'impérissable *Zaïre*, et que tous les traités de littérature offrent, avec raison, comme un modèle du genre pathétique :

LUSIGNAN.

. . . .

Mon Dieu, j'ai combattu soixante ans pour ta gloire ;
J'ai vu tomber ton temple et périr ta mémoire ;
Dans un cachot affreux abandonné vingt ans,
Mes larmes t'imploraient pour mes tristes enfants ;

Et lorsque ma famille est par toi réunie,
Quand je trouve une fille, elle est ton ennemie !
Je suis bien malheureux !... C'est ton père, c'est moi,
C'est ma seule prison qui t'a ravi ta foi.
Ma fille, tendre objet de mes dernières peines,
Songe au moins, songe au sang qui coule dans tes
                                        [veines !
C'est le sang de vingt rois, tous chrétiens comme
                                        [moi ;
C'est le sang des héros, défenseurs de ma loi ;
C'est le sang des martyrs... O fille encor trop chère,
Connais-tu ton destin ? Sais-tu quelle est ta mère ?
Sais-tu bien qu'à l'instant que son flanc mit au jour
Ce triste et dernier fruit d'un malheureux amour,
Je la vis massacrer par la main forcenée,
Par la main des brigands à qui tu t'es donnée !
Tes frères, ces martyrs égorgés à mes yeux,
T'ouvrent leurs bras sanglants, tendus du haut des
                                        [cieux.
Ton Dieu que tu trahis, ton Dieu que tu blasphèmes,
Pour toi, pour l'univers, est mort en ces lieux mêmes ;
En ces lieux où mon bras le servit tant de fois,
En ces lieux où son sang te parle par ma voix.
Vois ces murs, vois ce temple envahi par tes maîtres :
Tout annonce le Dieu qu'ont vengé tes ancêtres.
Tourne les yeux, sa tombe est près de ce palais ;
C'est ici la montagne où, lavant nos forfaits,
Il voulut expirer sous les coups de l'impie ;

C'est là que de sa tombe il rappela sa vie.
Tu ne saurais marcher dans cet auguste lieu,
Tu n'y peux faire un pas sans y trouver ton Dieu;
Et tu n'y peux rester sans renier ton père,
Ton honneur qui te parle et ton Dieu qui t'éclaire .
Je te vois dans mes bras et pleurer et frémir;
Sur ton front pâlissant, Dieu met le repentir :
Je vois la vérité dans ton cœur descendue ;
Je retrouve ma fille, après l'avoir perdue ;
Et je reprends ma gloire et ma félicité,
En dérobant mon sang à l'infidélité (1).

Ces vers admirables, en quelque sorte divins, sont signés : Voltaire.

Racine, sensible et pieux Racine, vous ne les eussiez point désavoués !

(1) « Jamais le pathétique du style ne s'est porté à un plus haut degré. Ce discours arrache toujours des larmes; mais aussi, quelle situation et quel heureux sujet que celui où tout ce que la religion a de plus auguste, ce que la nature a de plus touchant, ce que le devoir a de plus sacré, se réunit pour combattre la passion. » (La Harpe.)

X

En ai-je dit assez, mes amis, par tout ce qui précède, pour vous faire connaître suffisamment la libre pensée et les libres penseurs? N'êtes-vous pas convaincus maintenant, que la libre pensée ne repose point sur une incrédulité absolue, mais sur le calcul des passions et sur des spéculations intéressées, et qu'en définitive, ce qui distingue spécialement les propagateurs de l'esprit d'indépendance, c'est, presque toujours, à la fois, l'inconséquence, la contradiction, le manque de sincérité et de bonne foi?

Sans doute, les vrais patriotes, les

catholiques sincères, c'est-à-dire ceux qui sont convaincus avec raison que la cause de la patrie est étroitement liée à celle de la Religion, doivent combattre avec douceur et énergie contre la libre pensée, bien plus encore par l'exemple que par la parole et par le livre; sans doute, ils ne doivent point s'endormir au milieu de la lutte. Mais qu'ils se rassurent; l'heure du réveil de la foi, l'heure de la résurrection nationale a sonné. L'école de la libre pensée a beau entonner ses chants de victoire : elle n'est, en réalité, que l'*École du Rien.*

Voyez : elle a voulu fonder la *naissance laïque,* en écartant le prêtre du berceau, en supprimant le baptême pour les enfants de ses adeptes. Qu'a-t-elle produit sur ce point? Rien. — Elle a tenté, elle tente tous les jours d'éloigner le prêtre encore de la famille, en répudiant la première communion ; de la couche funèbre, en repoussant les consolations de la dernière heure, l'enterrement religieux. Qu'a-t-elle obtenu ? qu'obtient-elle ? quelques manifestations isolées qui font sourire l'homme de bon sens, en affligeant les cœurs religieux, c'est-à-dire rien ou à peu près rien. — Elle n'est pas plus heureuse quand elle vise à l'abolition du mariage, qui nous mènerait droit à la barbarie ? Le projet de loi qu'elle vient de présenter pour le rétablissement du divorce a été accueilli au Parlement par un immense éclat de rire. — Où sont enfin les écoles *laïques* qu'elle a fondées avec le maigre produit de ses souscriptions ? Cherchez et vous trouvez encore : Rien, ou à peu près rien !...

Je vous le dis donc en vérité : les chefs de la libre pensée en seront pour leurs frais. La France veut décidément rester catholique. Elle l'a déclaré elle-même, du reste, au dernier recensement officiel, dressé par des agents « *que la dévotion n'étouffe certes pas,* » comme dit Mgr de Ségur. La question de la religion a été posée catégoriquement à chaque famille, à chaque individu. Eh bien, à Paris, qui le croirait ? *deux mile cinq cents individus* seulement se sont déclarés sans religion ; à Marseille, *deux cent dix-neuf ;* à Rouen, *dix-neuf ;* à Lyon, à Toulouse, à Bordeaux, à Nantes, à Lille, etc., la proportion, à peu de chose près, a été la même ! Donc, l'immense majorité, la presque totalité de la France, a déclaré qu'elle était catholique !

Ceux-là mêmes qui se proclament le

plus haut libres penseurs, rougiraient de se voir considérés et traités comme des païens : nous voyons tous les jours ce phénomène significatif éclater à nos yeux. Ils se croiraient déshonorés s'ils privaient leurs enfants du baptême, de la première communion, si la dépouille mortelle de ces êtres chéris, comme la leur propre, ne reposait dans la terre chrétienne, dans la terre bénite par la main de ce même prêtre, que leurs lèvres inconséquentes se plaisent trop souvent, hélas ! à maudire. En voulez-vous une preuve ? Pourquoi ces apostrophes acrimonieuses, ces accusations furibondes d'intolérance et de tyrannie, qui jaillissent du camp de la libre pensée, toutes les fois que la sépulture chrétienne est refusée à l'un des siens, dans les conditions prescrites par les lois de l'Église ? La terre bénite est

donc bien douce à leurs cendres?....
Ce qui vous donne une autre preuve,
choisie entre mille, de l'attache secrète
qui, en dépit des préjugés et des passions, ramène le libre penseur au christianisme, c'est que l'instituteur vraiment chrétien, qu'il soit laïque ou
congréganiste, est celui dont l'école est
toujours, et pour cause, la plus recher-
chée par les libres penseurs les plus
ardents eux-mêmes ; et la raison la
plus simple de cette préférence, c'est
un journal républicain, *protestant*, le
Temps, qui va vous la donner.

J'ai trouvé, dans ce journal, en
octobre 1874 (il sera aisé à qui le
voudra, de vérifier ma citation), une
Etude sur l'enseignement en France,
laquelle a frappé mon attention ; j'en
ai détaché les lignes suivantes, que je
vais citer *textuellement* :

« Comment se fait-il que, dans un
« pays comme le nôtre, tant de familles
« recherchent l'éducation des établis-
« sements ecclésiastiques? Cette énig-
« me doit avoir sa clef, et cette clef la
« voici : *C'est qu'à côté de l'instruction
« proprement dite, les maîtres ecclésias-
« tiques* (il aurait pu ajouter : *et tous
« les maîtres laïques vraiment chré-
« tiens*) ONT QUELQUE SOUCI DE L'ÉDUCA-
« TION MORALE. Leur discipline n'est ni
« oppressive, ni humiliante. *Leurs
« écoles ne sont point des casernes ;* on
« n'y conduit pas l'enfant au tambour;
« on ne le mène pas à coups de pen-
« sums et de retenue. Le maître et
« l'élève entretiennent des rapports
« affectueux, *et cette familiarité n'exclut
« NI L'OBEISSANCE NI LE RESPECT.* »

Ce qui veut dire, pour qui sait lire
entre les lignes : Mes amis, criez un

peu moins fort contre les calotins et les jésuites, ou plutôt taisez-vous, je vous prie ; respectez ces hommes, faites plus : imitez-les. Que la méthode d'éducation que vous employez ou recommandez d'employer pour nos enfants, se rapproche le plus possible de la leur, qui n'est point *laïque* du tout, dans le sens que vous attachez à ce mot, et, croyez-moi, nous nous en trouverons tous bien.

Si la vérité sort de la bouche des enfants, *ex ore infantium*, convenez, mes amis, qu'elle sort quelquefois aussi, *dans l'intérêt de la bonne cause*, de la boucheou de la plume des journalistes amis de l'erreur.

Un protestant plus célèbre que celui que je viens de citer, l'un des plus grands écrivains de notre siècle, l'illustre Guizot, n'a-t-il pas dit un jour : « LE CATHOLICISME EST LA PLUS SAINTE

« ÉCOLE DE RESPECT QU'AIT JAMAIS VUE LE
« MONDE. » Eh bien, tous ces aveux de
nos adversaires, qu'il serait aisé de
multiplier, sont précieux à recueillir.
Je les livre, avant de terminer, à la
méditation de nos réformateurs *libres
penseurs.*

Pères de famille et instituteurs chrétiens, ne craignons donc point de
regarder en face notre ennemie, la
libre pensée; regardons-la sans frayeur
mais aussi sans colère et sans haine.
Faisons-la connaître à nos enfants.
Qu'ils sachent, comme nous, quelle est
la puissance réelle de ce colosse aux
pieds d'argile, et à quoi se réduit la
valeur des Titans audacieux qui, dans
l'aveuglement de leur orgueil, ont cru
qu'ils pourraient aisément détrôner le
Christ, et s'apprêtent gaîment à célé-
brer les funérailles de son Eglise, con-

tre laquelle « LES PORTES DE L'ENFER NE PRÉVAUDRONT JAMAIS. »

Le chrétien n'ignore pas qu'il lui sera toujours permis de dire, avec l'immortel auteur d'*Athalie*, quels que soient les lieux, quels que soient les temps, quelles que soient les circonstances :

> J'ai vu l'impie adoré sur la terre.
> Pareil au cèdre, il cachait dans les cieux
> Son front audacieux.
> Il semblait à son gré gouverner le tonnerre,
> Foulait aux pieds ses ennemis vaincus :
> Je n'ai fait que passer, il n'était déjà plus.

Ouvrons donc nos cœurs à l'espérance, à cette espérance « *qui ne sera jamais confondue;* » levons les yeux vers « *la montagne d'où vient le secours;* » levons-les aussi, Français, vers le *Mont des Martyrs*, d'où rayonnera bientôt dans la nue l'église du *Vœu national* au *Sacré-Cœur de Jésus*, nouveau trait d'union entre la France et le Ciel,

« *fœderis arca,* » signe sacré d'une nouvelle alliance, phare mystérieux dont la lueur céleste semble déjà percer nos ténèbres, éclairer notre nuit. Et chantons, avec le poëte divin :

Elevez, élevez les superbes portiques
Du temple où notre Dieu se plaît d'être adoré ;
Que de l'or le plus pur son autel soit paré,
Et que du sein des monts le marbre soit tiré.
Liban (1), dépouille-toi de tes cèdres antiques;
　　Prêtres sacrés, préparez vos cantiques;
　　Dieu descend et revient habiter parmi nous.
　　Terre, frémis d'allégresse et de crainte ;
　　　Et vous, sous sa majesté sainte,
　　　　Cieux, abaissez-vous.
　　　　　　RACINE. *Esther*, Acte III, Scène IX.

FIN.

ERNEST CARON.

(1) Les journaux nous ont apporté dernièrement la nouvelle que les catholiques du Liban allaient faire don à leurs frères de France de cèdres magnifiques, destinés à la construction de l'église du Sacré-Cœur de Montmartre. Chacun sait que Salomon fit venir de Tyr des cèdres du Liban, qui servirent à la construction du Temple de Jérusalem, cette merveille incomparable.

CATALOGUE

DE

LA MAISON A. NORMAND

———

ÉTUDES RURALES, — Défenses des intérêts matériels, moraux et religieux des campagnes, par M. l'abbé Méthivier, curé d'Olivet. 1 volume in-12, du prix de. . . . . 1 fr. 50

Afin de donner au lecteur un aperçu de l'importance de ce précieux ouvrage, honoré d'un Bref de N. S. Père le Pape et de plus de SOIXANTE LETTRES d'éloges d'ARCHEVÊQUES et ÉVÊQUES, nous donnons ici quelques-uns des titres des vingt Etudes rurales :

Le Petit Prêteur. — *Le Château à la campagne.* — *Le Seigneur d'Ozereau.* — *L'Éducation du petit campagnard.* — *Le Savoir-Faire d'une motte de verre.* — *Un Brin d'herbe en face des Savants.* — *Le petit Colporteur.* — *Programme d'une école primaire.* —

LES CHARMES DE MA VIE, — par Louis Cullerier, publié par les soins de M. l'abbé Morère, auteur des Parfums des Pères. 1 beau volume in-8° de plus de 500 pages. Prix . . . . 5 fr.

Voilà un ouvrage que nous voudrions voir entre toutes les mains, surtout entre celles de ceux qui fuient la religion. Ecrit avec clarté et beaucoup de bon sens, et de naturel, comme son titre l'indique : « *il fait connaître et aimer la Religion Catholique, il charme la vie* ».

LA ROSE DE LOURDES, *Image à surprise*, renfermant une belle vue de l'Église, la Grotte, et l'historique de cette merveilleuse apparition. Prix. 1 fr. 25

Quiconque a eu le bonheur de visiter cette grotte bénie, aura le plus vif désir d'avoir cette *Rose* comme *Souvenir*.

PETITES ANNALES DES ENFANTS DE MARIE. Prix annuel de l'abonnement . . . . 5 fr.

Voici un excellent petit journal qui devrait être entre les mains de toutes les jeunes filles. ceux qui sont enfants de Marie, ce journal, leur fait apprécier davantage leur bonheur d'en faire partie, et à celles qui retardent de se faire recevoir dans cette sainte confrérie, ce journal les excite et les presse à y entrer.

Nosseigneurs Mermillod et Besson, dans deux magnifiques lettres, recommandent ce journal avec des paroles plus élevées et plus autorisées que la nôtre ; aussi ne pouvons-nous qu'encourager ceux qui nous liront à s'abonner du 1er janvier 1876, afin d'avoir ces précieux documents. Pour engager à s'abonner, quiconque enverra 7 fr. 50 recevra, en plus de l'abonnement, le magnifique ouvrage, illustré par Yan d'Argent (14 gravures grand in-8°), de M. Bescherelles, intitulé « *la Christéide* », ou Vie, Passion et Mort du Divin Sauveur.

Toute personne qui demandera ce dernier ouvrage sans être abonnée aux Annales le paiera 6 fr.

Le Savant et chrétien DOCTEUR BROCHARD, rédacteur en chef de la *Jeune Mère*, journal catholique paraissant le 1er de chaque mois au prix annuel de 6 francs, vient de publier un *Guide manuel de la jeune mère* et l'*Allaitement maternel*, en 2 beaux volumes in-18, au prix de. 4 fr.

Toute jeune femme à qui Dieu accorde la joie et la bénédiction d'être *Mère* ne peut se passer de ces deux précieux volumes, soit qu'elle nourrisse elle-même, soit qu'elle fasse nourrir. Elle trouvera dans ce *Guide* les meilleurs conseils pour élever l'Ange du foyer.

Enfin, notre Docteur n'oublie pas la *Mère* de famille ouvrière, aussi vient-il de publier son *Guide de l'Ouvrière mère de famille,* un petit volume in-32, de. . . . . 0 fr. 60

Ce dernier ouvrage tiré, à un grand nombre et mis à un prix excessivement modéré, engagera, nous n'en doutons pas, toutes les personnes pieuses à répandre ce petit recueil parmi la classe ouvrière, afin de la ramener à la *Religion par la Famille,* selon le but et le désir du Docteur Brochard.

Le catalogue complet de la maison est envoyé franco à qui en fera la demande. — Afin d'éviter les ennuis et la dépense qu'occasionnent les demandes à divers libraires, nous rappelons à nos clients que nous fournissons sans augmentation de prix, tout ce qu'on peut désirer.

Paris. — Typ. Walder, rue de l'Abbaye, 22.

ÉTUDES RURALES

DÉFENSES

DES

NTÉRÊTS MATÉRIELS, MORAUX ET RELIGIEUX DES CAMPAGNES

Par M. l'Abbé MÉTIVIER

2 vol. in-32. — Prix : 2 fr. 50

Les bons livres, les petits livres mis à la portée du peuple, manquent pour la propagande, entend-on dire quelquefois. Je répondrai volontiers que c'est plutôt le zèle à répandre ceux qui existent qui fait défaut. Celui que nous recommandons vivement aux catholiques et surtout aux ecclésiastiques de campagne en est une preuve après bien d'autres. Quel bien ne ferait-il pas, s'il était connu? Que de préjugés, d'idées fausses, de haines, ne dissiperait-il pas, s il était lu par l'ouvrier, l'ouvrier des villes comme des campagnes !

LIBRAIRES CHEZ LESQUELS ON PEUT SE PROCURER

CES OUVRAGES.

Amiens... M. Guillaume	Lons-le-Saulnier. M Escalle
Amiens... M. Sauvé Canaple	Montélimar M. Baume.
Argentan M. Lefoyer.	Mans (le).. M. Calais.
Arras . M. Van Thoff	Mayenne.. M. Poirier Bealn.
Bailleul... M Fihey.	Nîmes.... M. Bédot.
Bourg.... M. Vacher.	Nogent... M. Hamard.
Bourg.... M. Martin-Boitier	Pau...... M. Bergerot.
Bourges.. M. Tripault.	Rodez. .. M. de Broca.
Brest..... M. Lefournier	Sables.... M. Mayeux.
Cannes... M. Paurillan.	St-Étienne M. Planchet
Clerm.-Ferr. M. Boucard.	St Servan. M. Leborgne.
Dijon.... M. Manière Locquin	Soissons.. M. Brismoutier.
Foix..... Me Ve Francal	Bruxelles. M. Lebrocquy.
La Délivrande M. Roppart.	St-Brieuc. M. Conor Grenier.
Lille....., M. Bergès.	

COLLECTION
DE LA BIBLIOTHÈQUE POPULAIRE & SOCIALE
A **25** CENTIMES

PREMIÈRE SÉRIE. — OUVRAGES PARUS :

1. La Première aux Radicaux. — 2. Nobles et Paysans. — 3. Les Faux Républicains. — 4. Nos Réformateurs.

DEUXIÈME SÉRIE. — A PARAITRE :

Plus d'Ignorantins. — L'Instruction laïque.— Le Syllabus et la Liberté. — Mansardes et Palais.— L'Ouvrier des cercles. — Le Peuple et ses Représentants. — Les Ennemis de la Patrie.

CONDITIONS :

1 Exempl.; 25 c., par la poste	0 fr. 30c.
100 — 20 francs —	25 fr. »
200 — 36 francs —	46 fr. »
500 — 80 francs —	105 fr. »
1000 — 150 francs —	200 fr. »

Paris. — Typ. Walder, rue de l'Abbaye, 22.